21世纪经济管理新形态教材 · 资产评估系列

资产评估学教程

彭建娟 ◎ 主　编

清华大学出版社
北　京

图书在版编目(CIP)数据

资产评估学教程 / 彭建娟主编 . —北京：清华大学出版社，2021.5
21 世纪经济管理新形态教材 . 资产评估系列
ISBN 978-7-302-57950-2

Ⅰ . ①资…　Ⅱ . ①彭…　Ⅲ . ①资产评估－高等学校－教材　Ⅳ . ① F20

中国版本图书馆 CIP 数据核字 (2021) 第 064136 号

责任编辑：吴　雷
封面设计：汉风唐韵
责任校对：王荣静
责任印制：丛怀宇

出版发行：清华大学出版社
网　　址：http://www.tup.com.cn，http://www.wqbook.com
地　　址：北京清华大学学研大厦 A 座　　邮　　编：100084
社 总 机：010-62770175　　邮　　购：010-62786544
投稿与读者服务：010-62776969，c-service@tup.tsinghua.edu.cn
质 量 反 馈：010-62772015，zhiliang@tup.tsinghua.edu.cn
印 装 者：北京嘉实印刷有限公司
经　　销：全国新华书店
开　　本：185mm×260mm　　印　　张：13　　字　　数：269 千字
版　　次：2021 年 6 月第 1 版　　印　　次：2021 年 6 月第 1 次印刷
定　　价：49.00 元

产品编号：089526-01

前言

资产评估是一门发现待评估资产价值的应用科学。资产评估与会计中所定义的客体——“资产”相近但有不同。资产评估是专业价值判断的活动，评估和咨询是其基本职能。资产评估行业始终服务于社会主义市场经济的发展并已成为国民经济部门中的高端服务业。

中国的资产评估行业于20世纪80年代快速发展起来。1989年中国颁布《关于国有资产产权变化时必须进行资产评估的若干暂行规定》，1990年国家国有资产管理局资产评估中心成立，1993年中国资产评估协会成立。1995年中国资产评估协会加入国际评估标准委员会，标志着中国评估管理组织与国际接轨。1995年第一批注册资产评估师由全国统一考试产生。我国近年资产评估行业的理论、实务操作及管理均取得长足发展。2016年《中华人民共和国资产评估法》颁布实施。2017年财政部制定发布了《资产评估基本准则》，对规范资产评估执业行为、强化资产评估执业监管、保护资产评估当事人合法权益和公共利益具有重要意义。编写一本反映当前资产评估新特点、新动态的教材尤显重要和紧迫。

总体而言，本书由资产评估基本理论与方法、资产评估实务两部分组成。与已有教材相比，本书最大的特点是：在汲取已有教材体系、内容、结构基础上，更新了资产评估行业及立法中的新动态，更好结合资产评估法及最新颁布的准则对资产评估理论加以总结。同时，结合行业发展特征，增加了多方法评估案例分析，从而增强了运用理论分析中国现实问题的能力。此外，为提升教与学的效果，本书在每章都编写了学习要点、思政导读及拓展阅读以提供知识点及行业背景知识。每章课后均设有思考题，并以二维码的形式增加了课后即测即练题及其分析答案。

本书由彭建娟设计编写大纲，具体编写分工如下：第一章、第十章由彭建娟编写，第二章至第四章由闫柯柯、彭建娟编写，第五章至第七章由张思媛、彭建娟编写，第八章及第九章由潘彩婷、彭建娟编写，全书由彭建娟负责总纂与定稿。

本书在编写过程中参阅了大量国内外有关资产评估的著作和文献资料，在此谨对这些值得尊敬的专家、学者和老师表示深深的感谢。由于编者水平有限，书中不妥之处在所难免，恳请同行专家、学者及读者批评指正。

编者

2021年1月15日

目 录

第一篇　资产评估基本理论与方法

第二篇　资产评估实务

第一篇　资产评估基本理论与方法

第一章 资产评估概述

学习目标

通过本章学习，应该能够：

明确资产评估的含义；

清楚资产评估的主体及客体；

熟悉资产评估的特征；

清楚资产评估的原则；

明确资产评估的目的。

思政导读

资产评估是一门发现待评估资产价值的应用科学。资产评估与会计中所定义的客体——“资产”相近但有不同。资产评估是专业价值判断的活动，评估和咨询是其基本职能。资产评估行业始终服务于社会主义市场经济的发展，与审计、律师和券商等行业一并成为高端现代服务业。

2015 年 7 月，我国首个大数据资产评估中心在北京中关村成立；2016 年 1 月，贵阳建立了大数据资产评估实验室，制定数据定价标准并评估企业数据资产；2017 年，中联资产评估集团有限公司研发推出首家以“互联网 + 资产评估”为服务核心的资产评估综合服务云平台——“智慧评估云平台”，创立了“摩估云”APP；2018 年 3 月 3 日，中国内地成立首个官方正式授权的数据资产评估中心，由国信优易数据有限公司开展数据资产评估中心建设工作。除了大型的单个数据中心数据库的建立，我国还建立了多个大数据联盟，如中关村大数据产业联盟、上海大数据联盟、数据中心联盟等。信息化的高速发展，为目前资产评估行业中广泛存在的信息利用率低、资产范围广、作价标准多、勘查作业难度大、报告编审工作量大且易出错以及评估服务面临诚信风险考验和用户黏度低等发展痛点，给出了迭代共享的创新思维，将有力地推动资产评估行业利用先进信息科技实现行业跨越式发展，为升级数据汇集体系、加深智能化与深度挖掘数据价值提供支撑。

另外，在近年资产评估工作实务中，一些场景已经开始应用信息化技术。比如，使用无人机对电厂的煤炭库存进行盘点审核。之前传统的做法是人工搬运煤炭，采用 GPS 的跟踪定位杆，在各个形状特征点测量高层面积，构建体积轮廓计算储量。而利用无人机测量捕获的数据点多且连续，精度更高，完成的效率也更高，同时还消除了人员面临的安全隐患问题，不会干扰相关区域的设备，最后还可以快速生成模式化的数据，简单方便。这些新兴技术的变革以及相关领域的创新均彰显了我们中华民族蓬勃的生命力。

作为高端服务业，资产评估行业是随着人类经济发展而不断完善的。本章将从这一学科的起源讲起，为大家展示资产评估在人类生产及经济生活中所扮演的角色。

第一节　资产评估的发展历史

一、资产评估的源起

原始社会后期，人类随着生产力的发展逐渐产生了剩余财产，私有制开始萌芽，商品生产和商品交易出现。由此产生了早期的原始评估，那时的评估具有直观性、偶然性和非专业性的特点。最早中国的《国语·齐语》中记载："相地而衰征，则民不移。"即要按照土地的美恶及产出差别采征税赋。这是管仲变革时的措施之一，也是中国古代较早资产评估思想的写照。当然，自给自足的自然经济时代还没有足够空间促生资产评估行业。

随着人类经济发展的需要，越来越多的交易过程中所涉及的标的资产表现为价值量大、价值不确定性强等特征，从而导致交易双方对资产价格较难达成一致意见，以至于影响了交易效率甚至交易的最终达成。这时就需要找到一个双方信得过且有一定经验或学识的第三方来给出交易双方都能接受的价格。这种情况下的第三方在交易过程中就承担了相当于现代资产评估业务中评估人的角色。这一现象的频繁发生促生了资产评估行业的出现。由此可见，资产评估作为社会分工的专业行业是现代市场经济的产物。

从世界范围来看，19 世纪后期美国出现了专业评估公司。1868 年，英国皇家特许测量师协会的前身正式成立，它是评估业的专业团体。在此之后，资产评估作为一个行业在许多国家得到不同程度的发展。资产评估作为一个独立完整的中介行业逐渐被国际社会和各经济组织认可。英国、美国、澳大利亚、加拿大等许多国家纷纷成立了资产评估协会或学会等专业性评估团体，对评估业实行自律性管理，并制定有关评估师的专业资格、评估指南等规定。资产评估业经历了一个从各国自发发展逐步过渡到地区性、国际性协调发展的阶段。

二、资产评估在市场经济中的作用

随着现代经济的不断发展，资产评估在市场经济中发挥了重要的作用，主要表现在以下三个方面。

（1）提高资源配置效率。现代经济迂回生产方式的发展实践中，为了降低交易成本，需要资产评估作为第三方提供专业服务，提高资源配置效率。

（2）提供价值尺度。随着市场经济的不断发展，交易对象和空间不断扩大，交易各方囿于专业、知识、经验、时间等制约，无法及时获取有效信息，资产评估则能够帮助提供专业价值判断。例如，在国有企业产权变动中，合理定价是关键，资产评估可为防止国有资产流失提供专业帮助，同时也可为企业账实相符提供支持。

（3）促进无形资产流动。随着现代产权理论的发展，包括产权在内的各种无形资产在市场上的流动日益频繁，无形资产评估在促进科学技术的发展及保护知识产权等诸多方面发挥着重要作用。

三、资产评估行业在我国的发展

中国的资产评估行业于20世纪80年代快速发展起来。1989年，中国颁布《关于国有资产产权变化时必须进行资产评估的若干暂行规定》。1990年，国家国有资产管理局资产评估中心成立。1993年，中国资产评估协会成立。1995年，中国资产评估协会加入国际评估标准委员会，标志着中国评估管理组织与国际接轨，同年第一批注册资产评估师由全国统一考试产生。2016年，《中华人民共和国资产评估法》颁布实施。2017年，财政部制定并发布了《资产评估基本准则》，对规范资产评估执业行为、强化资产评估执业监管、保护资产评估当事人合法权益和公共利益具有重要意义。

拓展阅读 1-1 《中华人民共和国资产评估法》

第二节　资产评估的基本概念

一、资产评估的含义

2016年12月1日起施行的《中华人民共和国资产评估法》中指出，资产评估业务是评估机构及其评估专业人员根据委托对不动产、动产、无形资产、企业价值、资产损失或者其他经济权益进行评定、估算，并出具评估报告的专业服务行为。由上可知，资产评估是指评估机构及其评估专业人员根据特定的目的，遵循评估假设，按照国家法律、法规及资产评估准则，依据法定的标准和程序，运用科学的方法，选择适当的价值类型对资产的某一时点价值进行的评定和估算。

二、资产评估的主体及客体

（一）资产评估的主体

资产评估主体是指进行资产评估的操作者，即从事资产评估的机构与专业评估人员。《中华人民共和国资产评估法》第九条规定，资产评估公司、会计师事务所、审计事务所、财务咨询公司，必须获得省级以上国有资产管理部门颁发的国有资产评估资格证书，才能从事国有资产评估业务，且对其他所有制的资产评估，也要比照《国有资产评估管理办法》的规定执行。因此，资产评估主体是指取得资产评估管理机构确认资格的资产评估公司、会计师事务所、审计事务所、财务咨询公司等及其专业评估人员。评估专业人员从事评估业务，应当加入评估机构，并且只能在一个评估机构从事业务。

其中，资产评估机构应当依法采用合伙或者公司形式，聘用评估专业人员开展评估业务。合伙形式的评估机构，应当有两名以上评估师，其合伙人三分之二以上应当是具有三年以上从业经历且最近三年内未受停止从业处罚的评估师。公司形式的评估机构，应当有八名以上评估师和两名以上股东，其中三分之二以上股东应当是具有三年以上从业经历且最近三年内未受停止从业处罚的评估师。评估机构的合伙人或者股东为两名的，两名合伙人或者股东都应当是具有三年以上从业经历且最近三年内未受停止从业处罚的评估师。

（二）资产评估的客体

1. 资产的概念

资产评估客体即资产评估对象，资产评估的对象是资产。资产评估中的资产是指能够在未来为其经济主体带来经济利益并能以货币计量的经济资源，包括各种财产、债权和其他权利。具体来说，资产评估中的资产需要具有以下三个要件：①必须是被经济主体拥有或者控制，如融资租赁中的机器设备，虽然不为融资租赁者所拥有但因被其控制，仍是融资租赁者资产评估中的客体；②能够给经济主体带来经济利益，即为能给经济主体带来未来经济利益流入的资源；③能够以货币计量。

2. 资产的特点

（1）有效性。资产的有效性体现在两方面。第一，被评估资产能够在未来给经济主体带来经济利益，如企业被无偿捐赠的流水线可以作为被评估资产。第二，资产要有效用。效用性是经济资源成为资产评估中资产在自然属性下的必备条件。无论是否是劳动产品，只要有效用就可成为被评估资产，如我国土地使用权可以作为被评估资产。

（2）现实性，是指资产评估直接以现实存在的资产作为评估依据，并且只需要说明当前资产状况而不必说明为什么会这样以及如何会这样。

（3）拥有或控制性，是指以企事业单位或个人对经济资源的控制权来定义被评估资产的边界。资产是经济主体拥有或者控制的，这一资产概念不仅包括会计中资产负债表左侧的各项资产，在特定评估目的如评估整体企业权益价值时，还包括资产负债表右侧的负债和所有者权益。

（4）稀缺性。经济理论认为，稀缺性是资产价值形成的基础。缺少稀缺性的经济资源不能作为资产评估中的资产。

（5）合法性，是指被经济主体控制的资产需具有合法性，并且受到法律保护。

3. 资产的分类

资产按不同标准可分类如下。

（1）根据资产评估目的和被评估资产是否具有综合获利能力分类，可以分为单项资产和整体资产。

（2）根据被评估资产的存在形态分类，可以分为有形资产和无形资产。

（3）根据被评估资产的法律意义分类，可以分为不动产、动产和合法权利。

（4）根据被评估资产在企业经营活动中是否持续使用，可以分为固定资产与流动资产。

（5）根据被评估资产能否独立存在分类，可以分为可确指资产与不可确指资产，其中的不可确指资产指的是商誉。

（6）根据财务会计制度规定与被评估资产的工程技术特点分类，可以分为固定资产、长期投资、流动资产、无形资产、在建工程、递延资产及其他资产。

（7）根据被评估资产来源不同可以分为自愿委托和法定委托。自然人、法人或者其他组织需要确定评估对象价值的，可以自愿委托评估机构评估。涉及国有资产或者公共利益等事项，法律、行政法规规定需要评估的，应当依法委托评估机构评估。

我国政府对占有国有资产的企业和事业单位发生何种资产业务时需要评估做了明确规定，根据财政部 2002 年 1 月 1 日公布的《国有资产评估管理若干问题的规定》，占有单位有下列行为之一的，应当对相关国有资产进行评估：整体或部分改制为有限责任公司或者股份有限公司；以非货币资产对外投资；合并、分立、清算；除上市公司以外的原股东股权比例变动；除上市公司以外的整体或者部分产权（股权）转让；资产转让、置换、拍卖；整体资产或者部分资产租赁给非国有单位；确定涉讼资产价值；法律、行政法规规定的其他需进行评估的事项。

三、资产评估的特征

（一）市场性

资产评估区别于财务会计活动的显著特征是市场性。资产评估是市场经济发展到一定阶段的产物，没有资产产权变动和资产交易的普遍存在，就不需要资产评估专业活动。资产评估一般要估算的是资产的市场价值，因而资产评估专业人员必须凭借着自己对资产特征、功用等的认识，以及自身掌握的市场经验，模拟市场条件对特定资产价值的影响，从而进行评定和估算。同时，所给出的评估结果是否客观需要接受市场价格的检验。一般西方资产评估较为发达的国家以评估价值是否在成交价格上下 10% 以内作为评估结果准确可信的标准。资产评估结论能否经得起市场检验是判断资产评估业务行为是否合理、规范以及评估人员是否专业合格的根本标准。

（二）现实性

资产评估的现实性体现在四个方面。

（1）现实性是指以评估基准日为时间参照，按照这一时点的资产实际状况对资产进行的评定和估算。其中，资产评估基准日是指确定资产评估价值的基准时间。各种资产常处在不断发展和变化中，资产的数量、结构、品质状态和价值也就不可能长期保持不变。因此，为使评估具有可操作性，并且确保评估结果具有相同背景下的可解释性，便于委托人和公众对其合理利用，需要确定评估基准日。评估基准日一般精确到“日”并应选择与资产业务或评估作业时间较接近的日期。资产评估报告载明的评估基准日应当与资产评估委托合同约定的评估基准日一致。一般来说，资产评估报告的有效期为一年。

（2）资产评估时直接以现实存在的资产作为估价的依据，只要求说明当前资产状况，而不需要解释形成这个状况的原因，以及如何形成从过去到当前状况的过程，这有别于会计计量。资产评估中的资产计量是以现时价格计量的，如一机器设备原价为 10 万元，10 年经济寿命，残值为 0，则用平均年限折旧法，该资产 3 年后会计账面价值是 7 万元。但经机械设备师观察或通过市场二手询价得出该资产价值为 8 万元时，则资产评估值为 8 万元。

（3）资产评估是以现实状况为基础来反映未来，强调现状对未来预测的作用，把未来状况归纳演绎为现实状况在时间轴下的延伸。例如，企业价值评估中对企业未来收益值的预测应建立在以现在主体为对应主体来对未来展开预测。

（4）资产评估强调现实的客观存在。形式上存在而实际上已消失的，或形式上不存在而事实上存在的，都要以实际上的客观存在为依据进行校正。例如，呆滞的债权、因债务人破产或死亡而无法收回的应收账款、现实中无资产相对应的待摊费用等均不能作为被评估资产。会计中的账外资产则应列入被评估资产，这一点与会计处理尤为不同。

（三）预测性

资产评估的预测性是指以资产未来潜在发展可能反映资产的现实状况。资产评估值是一个估计值。现实的资产是否有价值关键取决于其未来是否有用，未来不能给资产控制或拥有者带来收益的资产不能被列入被评估资产，同时，在具体评估实践中也需要对具体的技术参数加以科学合理地预测以评估其价值。例如，当评估专利价值时，需要获取其经济寿命、未来的超额收益及折现率等参数，通过对未来预期收益折算来反映这一资产的评估价值。

（四）咨询性

咨询性是指资产评估提供的是专业化估价意见，这个估价意见本身无法律强制执行力，评估机构和评估人员只对结论本身是否合乎职业规范要求负责，而不对资产业务定价决策负责。资产评估是社会分工细化的产物，资产评估人员在对被评估资产价值进行专业判断的过程中，需要依据大量的数据资料，这就需要一定专业知识结构的专家组成的专业评估机构，进行职业化评估行为。这种专门化、市场化的评估过程由于拥有大量数据资料和信息，能够更好地为资产评估业务的优化和配置而提供服务，从而实现其咨询作用。

应当说明的是，被评估资产的价值，客观存在的是一个量，而人们对它的评估又是一个量。资产评估就是要通过对资产的全面认识和判断来反映其客观价值。但是，不论评估人员的评估依据多么充分，评估结论仍然是评估人员的一种主观判断，而不是客观事实。一般来说，要使评估值与资产客观价值完全一致是很难的，资产评估者的目标或任务应是努力缩小这个差距。最终的成交价格还取决于双方谈判的最终结果。因此，资产评估值有可能高于、低于或者等于资产交易中的实际成交价格。

（五）公正性

资产评估的公正性表现在资产评估行为是交易双方以外的独立第三方按照公允、法定准则和程序，不受任何外来压力的影响，客观、公正地进行价值判断。资产评估的结果关系着各方利益，如果背离客观公正的基本要求，就会使得资产业务的一方或几方遭受损失，资产评估也就失去了其存在的意义。

第三节　资产评估的原则

资产评估的原则是规范资产评估业务行为的准则，主要包括资产评估的工作原则和经济技术原则。

一、资产评估的工作原则

资产评估机构和专业评估人员在执业中应遵循的基本工作原则，主要包括以下四个方面。

（一）独立性原则

独立性原则是指评估机构应始终坚持第三方立场，不为资产业务当事人的利益所影响。资产评估行为是交易双方以外的独立的第三方。评估专业人员从事评估业务，应当加入评估机构，并且只能在一个评估机构从事业务。同时，评估人员应遵守评估准则，履行调查职责，独立分析估算，勤勉谨慎从事业务。

（二）科学性原则

科学性原则是指在资产评估过程中，必须根据特定目的，选择适用的标准和科学的方法，制订科学的评估方案，在评估过程中应把主观判断与客观测算相结合，除依据评估执业准则只能选择一种评估方法外，应当选择两种以上评估方法，经综合分析，形成评估结论。同时，对受理的评估业务，评估机构应当指定至少两名评估专业人员承办，从而使评估工作做到科学合理、真实可信。

（三）客观公正性原则

客观公正性原则要求评估结果应以充分的事实为依据。资产评估人员必须站在公正的立场，采取客观、公正、独立的态度，不受任何外来压力的影响，客观、公正地进行价值判断。在具体执业中表现为如按照国际惯例，资产评估专业机构收取的劳务费只与工作量有关，而与被评估资产价值无关。

（四）专业性原则

资产评估的专业性体现在以下两个方面：

（1）资产评估机构必须是提供评估服务的专业技术机构。评估行业按照专业领域依法设立行业协会，实行自律管理，并接受有关评估行政管理部门的监督和社会监督。专业评估人员每年需要完成规定的继续教育，保持和提高专业能力。

（2）目前，国际上的资产评估可提供评估、评估复核及评估咨询三种服务，无论哪种服务，评估机构及人员均应在评估执业过程中从遵循资产评估准则的程度及其对评估报告披露要求的角度给出专业的不同资产评估结果，具体结果可分为完全资产评估和限制性资产评估。

拓展阅读 1-2
《资产评估基本准则》
扫描此码 深度学习

二、资产评估的经济技术原则

资产评估经济技术原则是指在资产评估过程中进行具体技术处理的原则，主要包括：预期收益原则、替代原则、最佳效用原则、贡献原则、供求原则。

（一）预期收益原则

预期收益原则是指资产评估中，资产的价值可以不按照其过去形成的成本或购买价格决定，但是必须充分考虑它在未来可能为其控制者带来的经济效益。资产评估的结果很大程度上取决于该项资产的未来收益情况。一般来说，一项资产的市场购买价格不应当高于该项资产未来预期能够获得的收益价值。预期收益原则是以技术原则的形式概括出资产及其资产价值的最基本的决定因素。资产之所以有价值是因为它能为其拥有者或控制者带来未来经济利益，资产价值的高低主要取决于它能为其所有者或控制者带来的预期收益的多少，即预期收益越高，资产评估值越大；反之，即使某项资产的获得成本很高，但其预期收益较低，评估值也会较低。预期收益原则是评估人员判断资产价值的一个最基本的依据，也是收益现值法的理论依据。

（二）替代原则

替代原则是指当同时存在几种效用相同的资产时，人们合理的做法是选择价格最便宜的。而在价格相同时，人们则会选择效用最大的。因此，当同一市场中有两种及以上可相互替代的资产存在时，它们的价格大体保持在同一水平。替代原则是重置成本法和现行市价法的理论依据。

（三）最佳效用原则

最佳效用原则是指当一项具有多种用途或潜能的资产在公开市场条件下进行评估时，应按照其最佳用途来评估资产价值。该原则在使用过程中，必须根据具体情况进行具体的分析及科学考量，不可随意使用，否则容易获得错误结论。

（四）贡献原则

贡献原则是指各生产要素价值大小是依据其对总效用贡献大小来决定的，即某一资产的价值，取决于它对其他相关的资产或资产总体价值的贡献大小，或者依据当缺少这一资产时整体价值下降的程度来确定，而不是孤立地确定该项资产的价值。例如，企业中连接材料车间与生产车间的一段铁轨，在评估其继续使用价值时就需要考虑其贡献程度。

（五）供求原则

供求原则是指被评估资产的价格在一定程度上受到供求关系的影响。在进行资产的价值评估时必须分析市场上的供求关系。当某项资产的需求增长时，资产的价值呈上涨的趋势；当对该资产的供应增加时，资产的价值呈下降的趋势，即若供大于求，评估值下降；若供不应求，评估值上升。该原则要求评估人员在确定被评估资产的价值时，应加强对该项资产在市场上供求状况的重视。

课后练习题

一、在线测试题

【在线测试题】
扫描书背面的二维码，获取答题权限。

扫描此码　在线自测

二、简答题

1. 简述资产的概念及特点。
2. 简述资产评估的主体及客体。
3. 简述资产评估的特征。
4. 资产评估的基本工作原则是什么？
5. 资产评估的经济技术原则是什么？

三、思政案例讨论

资产评估行业的三十年

我国资产评估行业因改革开放而生，因改革开放而兴。1988年的大连炼铁厂中外合资评估项目，由于涉及非货币资产的出资，需要评估其价值并由评估机构出具资产评估报告，这是我国第一单资产评估业务，标志着我国资产评估行业的诞生。随着我国改革开放的不断深入和市场经济体制逐步完善，资产评估行业在维护国有资产权益、规范资本市场运作、防范金融风险、保障社会公共利益和国家经济安全等方面发挥了至关重要的作用。

经过三十多年的不断努力探索，资产评估行业从无到有，从小到大，积极服务改革开放和国家社会发展，行业建设取得了巨大成就：①走出了一条适合中国经济建设和社会发展的评估服务专业之路；②形成了一个种类齐全、覆盖全面的评估市场；③培养了一支讲道德、有能力的专业服务队伍；④创立了一套服务于中国经济社会发展的评估法律制度、执业准则和理论体系。这些成就主要表现在以下几个方面。

一是在体制建设方面，构建了“中国资产评估协会、地方协会和评估机构”三个层次的行业组织体系；形成了“法规约束、行政监管和行业自律”三个维度的行业监管体制，行业的内在活力和自律水平不断提升。

二是在专业建设方面，构建了比较系统、完善的评估准则体系；建立了“发现市场、发展市场、规范市场”三个阶梯递进的市场拓展路径；创新了“从市场研究、准则建设、素质培养”三位一体的专业建设模式，使行业的社会功能和可持续发展有了强大的专业支撑。

三是在人才建设方面，建立了“执业人员、管理人员、研究人员”三支队伍和“高等院校、评估机构、行业协会”三个渠道的人才培养体系，基本实现了人才培养多层次和全覆盖。截至目前，资产评估行业已有资产评估机构4 100多家，资产评估师37 000多人，从业人员10万多名，已经成为我国社会主义市场经济建设中不可或缺的重要专业力量。

2016年7月2日，《中华人民共和国资产评估法》经十二届全国人大常委会第二十一次会议审议通过，这是资产评估行业发展的一个重要里程碑，标志着我国资产评估行业进入了依法治理的新时代。按照《中华人民共和国资产评估法》要求，积极参与财政部《资产评估行业财政监督管理办法》（财政部令第86号）、《资产评估基本准则》以及《关于做好资产评估机构备案管理工作的通知》等规章制度的制定工作，组织修订发布了25项执业准则和职业道德准则、《中国资产评估协会章程》《中国资产评估协会会员管理办法》等自律管理制度，基本形成了比较全面、系统、完备的资产评估法律制度体系，行业法治化、规范化建设水平不断提高。2017年起，资产评估机构设立由审批制改为备案制，放宽了评估机构设立门槛，让更多评估专业人员自由创业，由注重事前监管转变为加强事中、事后监管，最大限度地激发了评估市场主体的活力。近年来，评估服务领域已经由整体资产评估、企业并购评估和产权变动评估等传统业务领域，向知识产权评估、环境资源评估、资产证券化、财政资金绩效评价、PPP项目咨询等新兴业务领域拓展和延伸。

党的十九大指出，“我国经济已由高速增长阶段转向高质量发展阶段，正处在转变发展方式、优化经济结构、转换增长动力的攻关期”，这也将为资产评估行业发展创造更加广阔的社会舞台和市场空间，资产评估行业正迎来前所未有的良好发展时机。

一是供给侧结构性改革为评估行业发展带来了巨大的市场需求，主要表现在以下四个方面：①围绕服务混合所有制经济建设，在传统的评估服务领域，资产评估可以为国有企业提供外延和内涵更加广泛的价值服务，在多层次资本市场发展和金融市场服务中，进一步拓展服务空间；②随着企业技术创新和商业模式创新步伐加快，新的服务领域和需求不断产生，如“电子商务”“大数据”“互联网+”等新业态、新产品、新技术的出现，需要资产评估提供相应的价值管理服务；③围绕“五位一体”建设目标，资产评估行业积极服务文化科技体制改革、生态环境建设等，加大了相关业务和市场开拓，新型评估业务不断涌现，如文化企业无形资产评估、品牌价值评估、生态环境资产评估等；④服务政府职能转变和投融资体制改革，积极拓展服务功能，如财政项目管理和绩效评价、政府资产管理与绩效评估、PPP项目评估、地方债务评估、公共政策评估等。

二是资产评估法为行业健康发展创造了良好的法治环境。资产评估法解决了资产评估行业发展中的一系列重大理论和实践问题，以专门法的形式明确了评估行业和评估师的法律地位，对评估委托、评估操作、评估结果使用和行业监督管理等方面做出了具体规定，厘清了管理框架、执业流程和执业责任，有助于规范相关市场主体行为、提高评估执业质量、落实相关责任，为更好发挥资产评估专业作用、维护评估各方合法权益和社会公共利益提供了坚实的法律保障。《中华人民共和国资产评估法》实施两年来，取得了明显的成效。随着《中华人民共和国资产评估法》贯彻实施的不断深入，评估行业的法治环境将得到进一步改善。

三是国家高度重视现代服务业、经济类服务业发展，将资产评估行业的地位和作用提高到了前所未有的高度。发展现代服务业是当前经济结构调整、实现经济可持续增长的一个重要方面。十八大以来，党中央、国务院出台了一系列文件，对发展现代服务业提出了一系列政策措施。资产评估的社会经济功能越来越为国家所重视，资产评估在国民经济和社会发展中的地位和作用日益彰显。

四是政府简政放权为资产评估行业和协会注入了新的生机和活力。

（资料来源：张国春．不忘初心　砥砺前行　资产评估行业走过辉煌三十年[J]．中国资产评估，2018（12）：4-6+11.）

阅读以上材料并回答以下问题：

1. 讨论资产评估行业发展历程。

2. 如何提高资产评估从业人员素养以适应行业持续健康发展?

3. 结合我国经济发展实践讨论资产评估行业在我国经济发展中的必要性。

第二章 资产评估的理论基础及基本假设

学习目标

通过本章学习，应该能够：

了解资产价值形成的理论；

掌握资产的价值类型；

清楚资产评估的假设。

思政导读

资产评估作为一门新兴的社会活动和行业，在国外已有一百多年的历史，资产价值判断问题的讨论自经济学创始之初就已经开始。资产评估的理论基础随着人类社会经济发展而逐渐形成并完善。任何经济分析都离不开基本的假设作为前提，而基本假设又与基本方法密不可分。资产评估中的价值类型是指对资产评估结果价值属性的抽象和归纳。当然，按照不同的标准、条件和依据，资产评估的价值类型有不同的分类方法，其价值类型无论在理论上或是在实践中也并不是唯一的。不同的价值类型从不同的角度反映了资产评估价值的属性和特征。不同属性的价值类型所代表的资产评估价值不仅在性质上是不同的，而且在数量上往往也存在着较大差异。

从我国资产评估的实践来看，我国的资产评估学科建设是以马克思劳动价值论和资产价格学说为基石，以马克思的价值理论作为指导的。同时，为了促进资产评估行业健康发展，维护社会主义市场经济秩序，我国于2016年颁布了《中华人民共和国资产评估法》，资产评估行业协会于2017年制定了《资产评估职业道德准则》以进一步规范资产评估执业行为，保证资产评估执业质量。

本章将从理论基础视角解析资产评估的价值类型及假设，从而增强我们学习资产评估时的理论素养。

第一节　资产价值形成理论

一、资产的价值与价格

资产的价值不是一个静态的、性质不变的概念。任何资产的价值都会受到众多因素的影响，并不是一个确定值，因此它是动态的。这些因素具体包括估价的基准、经济环境、资产的地理位置等。资产价值的概念并不等同于价格或成本，而且其与货币表示量也很少相等。价格是指在特定交易活动中，特定买方或卖方对商品或服务交换价值的认可，以及提供或支付的货币数额。价格是一个历史数据或事实。资产评估中的价值不是一个历史数据或事实，它是专业人士根据特定价值定义在特定时间内对商品、服务价值的估计。价值是物的真实所值，是内在的、相对客观和相对稳定的。价格围绕价值上下波动。现实中由于定价决策、个人偏好或者交易者之间的特殊关系和无知等原因，时常会出现“低值高价”或者“高值低价”等价格背离价值的情况。换句话说，资产评估的价值类似于价格又不等于价格，因为实际价格的形成是在具体条件下形成的实际结果，资产评估价值是模拟市场过程的结果，而不是实际发生的结果。

二、资产价值评估的理论基础

资产评估需要解决的最基本问题是如何评估出资产的价值，不同的理论对资产价值内涵的阐释各有不同，由此衍生出的对资产价值评估的思路也各有不同。

（一）生产费用价值论

生产费用价值论认为资产的价值是由其生产成本决定的。生产费用价值论是从成本的角度（采用重置成本法）评估资产价值的理论基础。生产费用价值论的理论基础起源于18世纪以亚当·斯密和大卫·李嘉图为代表的古典学派价值理论，之后供给学派的奠基者萨伊在此基础上建立了生产费用价值论。这一理论认为资本、劳动与土地三要素协作生产出具有使用价值的物品，物品的价值来自物品的使用价值，而价值量取决于生产费用的多寡。生产费用价值论是重置成本法的理论基础。

（二）效用价值论

17至18世纪前期，资产阶级经济学家正式提出了效用价值论的观点，到19世纪70年代，经济学的边际革命促进了边际效用学派的诞生，人们将关注重点从价值是怎样生产出来的转移到价值是怎样实现的这一问题上。德国经济学家H.H.戈森是边际效用论的主要先驱者之一，他重申了效用价值论并提出了“戈森定理”。该学派指出，资产的价值是根据其效用决定的。由于占用资产的根本目的就是获取收益，所以资产的效用就是资产为其占有者带来的收益，某项资产的未来回报率越高，其价值就越大；反之，未来回报率越低，其价值就越小。因此，效用价值论是从效用的角度（采用收益法）评估资产价值的理论基础。

（三）均衡价值论

19 世纪末 20 世纪初，以马歇尔为代表的新古典经济学派提出商品的价格（价值）是由供给与需求双方的力量共同形成的均衡价格决定的，即商品的价值是由其交换价值决定的。均衡价格包括需求价格和供给价格，需求价格是指消费者愿意支付的最高价，而供给价格是指生产者愿意接受的最低价。均衡价格就是供求均衡时双方都能接受的价格。该理论认为在资产评估中，不仅需要考虑资产的购建成本，还需要考虑资产的效用，也就是资产为其占有者带来的收益。均衡价值观是从公开市场的角度对资产价值进行评估，是市场法的理论基础。

（四）劳动价值论

19 世纪中期，马克思继承了亚当·斯密与大卫·李嘉图理论的科学成分，用辩证法和历史唯物论从根本上改造了劳动价值论。马克思指出，商品价值是由社会必要劳动时间决定的，商品价格围绕价值上下波动。从较长时期和全社会来看，商品价格与价值的偏离有正有负，可彼此抵消。因此，总体上商品的价格与价值还是相等的。商品的价值量与生产该商品的社会必要劳动时间成正比，与劳动生产率成反比。即使新购建的资产经济效用相同，在技术水平发生变化之后，从收益角度来看，可认为技术水平变化导致了该资产发生了功能性贬值，也就是说被评估资产需要被置于技术水平动态变化状态中去评估。资产评估的本质是判断评估对象的价值，而不是判断评估对象的成交价格。

三、资产评估中常见的价值类型

资产评估中的价值类型是指资产评估结果的价值属性及其表现形式，其实质是为不同的资产业务提供合适的价值标准。同一资产因为具有不同的评估目的、不同的持有人和不同的市场条件，可能就具有不同的价值，并且每一种价值均有不同的内涵与适用范围。不同价值类型的区分与适用可确保正确理解和使用评估结论。评估价值是价值类型与评估方法即评估价值质的规定和量化过程共同作用的结果。决定价值类型的是评估对象及其特定评估目的。资产评估的价值是资产评估的结果，受到评估目的、评估对象、价值类型、评估方法及评估假设的共同影响。一般来说，以资产评估依据的市场条件、被评估资产的使用状态及评估结论的适用范围为准，可将资产评估的价值类型分为市场价值和市场价值以外的价值两大类。其中，评估所依据的市场条件是决定资产评估结果中价值类型的重要条件之一。

（一）市场价值

市场价值（fair market value）是指资产在评估基准日的公开市场上的交易价格。《国际评估准则》对市场价值的定义是自愿买方与自愿卖方在评估基准日进行正常的市场营销之后，所达成的公开交易中某项资产应当进行交易的价值的估计数额，当事人双方应当各自精明、谨慎行事、不受任何强迫压制，这种情况下的资产在评估基准日的最佳使用状态下最有可能实现的交换价值的估计值，即资产的市场价值。

根据对市场价值概念的定义和具体分析，可以得出市场价值的构成要素主要包括以下七点。

（1）自愿买方，是指具有购买动机，但并没有被强迫进行购买的一方当事人。购买者会根据现行市场的真实状况和现行市场的期望值进行理性购买，不会特别急于购买，也不会在任何价格条件下都决定购买。

（2）自愿卖方，是指既不准备以任何价格急于出售或被迫出售，也不会因期望获得被现行市场视为不合理的价格而继续持有资产的一方当事人。自愿卖方期望在进行必要的市场营销之后，根据市场条件以公开市场所能达到的最高价格出售资产。

（3）评估基准日，是指市场价值是某一特定日期的时点价值。

（4）以货币单位表示，具体是指市场价值是在公平的市场交易中，以货币形式表示的为资产所支付的价格，通常表示为当地货币。

（5）公平交易，是指在没有特定或特殊关系的当事人之间的交易，即假设在互无关系且独立行事的当事人之间的交易。

（6）资产在市场上有足够的展示时间，是指资产应当以最恰当的方式在市场上予以展示，不同资产的具体展示时间应根据资产特点和市场条件而有所不同，但展示时间应当使该资产能够引起足够数量潜在购买者的注意。

（7）当事人双方各自精明、谨慎行事，是指自愿买方和自愿卖方都合理地知道资产的性质和特点、实际用途、潜在用途以及评估基准日的市场状况，并假定当事人都根据上述知识为自身利益而决策，谨慎行事以争取在交易中为自己获得最好的价格。

市场价值与内在价值密切相关。如果市场是有效的，即所有资产在任何时候的价格都反映了公开可得的信息，则内在价值与市场价值应当相等。如果市场不是完全有效的，一项资产的内在价值与市场价值会在一段时间里不相等。投资者估计了一种资产的内在价值并与其市场价值进行比较，如果内在价值高于市场价值，则认为资产被市场低估了，该投资者会决定买进。投资者购进被低估的资产，会使资产价格上升，从而回归到资产的内在价值。市场越有效，市场价值向内在价值的回归越迅速。

（二）非市场价值

非市场价值亦称“市场价值以外的价值”“其他价值”，是指所有不符合市场价值定义的资产价值类型。市场价值与非市场价值的显著区别就在于实现资产交易的市场条件不同。市场价值是在公开市场条件下对资产价值的估计数额，而非市场价值无须满足公开市场这一条件，强调被评估资产在特定环境下所能带来的预期收益或者发挥的效用。因此，非市场价值也可说是在特定经济行为中，特定的买方或卖方对由于获得商品或服务所能带来的预期利益的估计或判断。

非市场价值主要分为两大类。一类是特定评估目的的价值，主要包括以破产清算为目的的评估、以特殊投资为目的的评估、以赔偿为目的的评估、以财产纳税为目的的评估等。另一类是特殊评估对象的价值，主要包括：非经营性资产如公共设施、宗教财产等；非竞争性资产如稀有矿产资源等；特殊地理位置导致的无替代性的资产如码头、航道等；不可确指资产如商誉等；专用资产如自造设备、生产线等。资产评估实务中常见的非市场价值类型主要包括以下四种。

1. 投资价值

投资价值（investment value）是在企业并购、资产转让等资产经营活动中涉及频率最高的价值类型。它是某项特定资产相对于某个特定购买者（或所有者）的价值，具体表现为该资产给其所有者（或未来所有者）能够带来的未来收益的价值，亦称特定投资者价值，属于市场价值以外的价值类型。当资产评估业务针对的是特定投资者或者某一类投资者，并在评估业务执行过程中充分考虑并使用了仅适用于这些投资者的特定评估资料和经济技术参数时，通常选择投资价值作为评估结论的价值类型。

与市场价值相比，投资价值是个人的价值。投资价值反映特定投资者与一项投资两者之间的主观关系。虽然投资价值和市场价值参数可能相似，但投资价值和市场价值在概念上不同。如果投资者需求条件为市场典型条件，则投资价值可能和市场价值相同。

2. 在用价值

在用价值（value-in-use）是指资产作为企业组成部分对所属企业或主体所产生的价值贡献，而不考虑这一资产的最佳用途或资产变现所能获得的货币数量。资产的在用价值仅仅适用于拥有该资产的企业，并不适应于单项资产市场。在用价值是从特定使用者角度衡量的一种价值，故而也是一种与市场无关的价值。

在用价值是在现状使用下的价值。现状使用包括目前的用途、规模、档次等，它可能是最高最佳使用，也可能不是最高最佳使用。在用价值一般低于市场价值。但如果现状使用是最高最佳使用的，则在用价值等于市场价值。

3. 残余价值

残余价值（salvage value）是指有形资产如机器设备、房屋建筑物等在不能继续使用前提下拆零变现的价值估计数额。

4. 清算价值

清算价值（liquidation value）是指企业停止经营，变卖企业所有资产减去所有负债后以货币形式存在的余额，包括强制清算价格和有序清算价格。强制清算是指公司因违法行为被主管机关依法责令关闭而进行的清算，或因不能清偿到期债务被法院宣布破产而进行的清算。强制清算价格是指资产所有者在短期内就会失去对资产的控制和支配权，按照快速迫售变现的价格。这种强制既有来自法律和合同的强制约束力要求变现清偿的压力，又有快速变现的时间压力。在快速变现条件下，资产公平市场是不存在的。因此，强制清算价格与现行市价有很大的数量差距。有序清算价格，是指资产所有者允许有一个适当的时限，将资产进行清算整理，宣传推销，选择买主变现资产的价格。因此，其资产价格可能比强制迫售条件下的清算价格略高些，但也常常低于资产公平市场的现行市价。

除了上述四种价值之外，在国际资产评估准则中还将保险价值、课税价值等列为非市场价值。另外，在财务目的评估中，价值类型可以与会计准则的要求一致。

拓展阅读 2-1
《资产评估价值类型指导意见》

第二节　资产评估的目的

资产评估的目的是明确资产评估业务基本事项中的重要内容。评估人员要与委托人协商，明确评估目的。资产评估的目的是资产评估进入实质性工作阶段后首先要考虑的重要因素之一。资产评估报告载明的评估目的应当是唯一的。

资产评估的目的就是说明为什么要进行资产评估，评估结果是为何种资产业务服务的。它是资产评估业务的基础，也决定了资产评估标准的采用，并在一定程度上制约着评估途径和方法的选择。同一资产因评估目的不同，其评估值会有不同。资产评估的目的有一般目的和特定目的之分。

一、资产评估的一般目的

资产评估的一般目的是评估资产的公允价值。公允价值有广义和狭义之分。资产评估中的公允价值有别于会计中的公允价值，取其广义概念，是指相对于当事人各方的地位资产状况和资产面临的市场条件，对被评估资产客观价值的合理估计值。资产评估中的公允价值即合理评估价值。这一公允价值的显著特点是没有损害各方当事人及他人的合法权益。而会计中的公允价值取其狭义概念，是指熟悉市场情况的买卖双方在公平条件下自愿交易所确定的价格。会计中的这一内涵更接近于资产评估中的公开市场价值。

二、资产评估的特定目的

资产评估作为一种资产价值判断活动，一定是为满足特定资产业务需要而进行的。通常把引起资产评估的资产业务对评估结果用途的具体要求称为资产评估的特定目的。资产评估的特定目的是一般目的的具体化，资产评估特定目的实质上就是判断特定条件下或具体条件下资产的公允价值。资产评估的特定目的包括以下几种。

（一）以资产交易为目的的评估

以资产交易为目的的评估是指为资产（包括单项与整体）的所有权与控制权在市场进行交易时所需的资产评估，包括以下具体分类：

（1）单项资产交易，如单台机器设备交易、房地产交易、单项无形资产交易等。这种交易常常发生在经济主体存量资产配置调整过程中，其中的房地产交易包括房屋建筑物及土地使用权的买卖与出租。例如，土地成片出租、土地开发经营、房地产买卖、房地产出租等。

（2）企业产权变动。企业产权具体包括：所有权、经营权、使用权、占有权等，不仅仅局限于所有权。由于企业产权变动将涉及不同经济主体的权益，所以必须进行资产评估。这些产权变动具体包括：合资经营、合作经营、企业联营；企业合并、分设和兼并；企业发行股票；企业出售；企业租赁等。

（二）投融资

企业在经营过程中，由于资金短缺需要借入资金，在融资过程中，作为资金拥有者的债权方为了减少风险，在某些情况下会要求资产评估机构对债务人的资产或抵押物进行评估，以判断其还本付息的能力，具体业务类型包括抵押贷款、发行股票、发行债券与融资租赁等。

（三）资产保全

资产保全包括企业内部及外部两个系统。企业内部主要通过计提折旧及计算其他资产损耗来完成资产保全。企业外部主要通过社会保险系统对投保资产的损失进行理赔来实现。这两个过程中都需要进行资产评估。

（四）债务重组

债务重组是指债权人在债务人发生财务困难情况下，按照其与债务人达成的协议或者法院的裁定做出让步的事项。在债务重组过程中，常常采用非现金资产清偿债务或债转股等项操作，这样就会产生对非现金资产与股权的公允价值评估的要求。

（五）咨询服务

咨询服务通常是指对已经发生的资产业务进行评估，如为考核经营业绩服务、为财务报表提供辅助记录、为涉诉资产提供法律判决依据而进行的评估等。

（六）资产清算

当企业进行有序清算或破产清算时，相关当事人有权要求以货币形式得到补偿，这时就要求资产评估机构介入以评估资产变现价格。

（七）税收

我国目前开征的税种与资产评估有关的包括：以土地价值为课税对象的土地税；以房产价值为课税对象的房产税；以企业所得为课税对象的企业所得税；以资产出售后所获利润为课税对象的资本利得税等。

（八）国家征用

当国家出于经济建设或军事等需要依法征用土地或房地产等资产时，应对原受益人的损失进行补偿。在市场经济中，应以被征用的财产价值作为补偿的基础。

（九）财务报告

以财务报告为目的的评估，是指资产评估机构及其资产评估专业人员遵守法律、行政法规、资产评估准则和企业会计准则及会计核算、披露的有关要求，根据委托对评估基准日以财务报告为目的所涉及的各类资产和负债公允价值或者特定价值进行评定和估算，并出具资产评估报告的专业服务行为。以财务报告为目的的评估业务具体包括：①估算或者测算资产的更新或者复原重置成本；②协助企业判断、确定资产使用年限、尚可使用年限、实物状态、质量等参数、特征，以及验证资产的真实存在性；③协助企业确定、判断资产获利能力和预测资产的未来收益；④执行与负债价值有关的议定程序；⑤协助企业管理层对能否持续可靠地取得公允价值进行正确的评价。

资产评估的特定目的对于资产评估的价值类型选择具有约束作用。由于不同时期、地点及市场条件下，同一资产业务对资产评估结果的价值类型要求会有差别，所以资产评估人员应尽量细化评估目的。

第三节 资产评估的假设

由于资产在不同用途和不同经营环境下其效用会有所不同，所以价值也会不同。在资产评估前，评估人员需对资产的未来用途和经营环境进行合理的判断，即评估结论是建立在一定的前提之上的，一部分前提是真实的客观事实，称之为事实前提；另一部分是根据客观正常情况或发展趋势所进行的合乎逻辑的推断，这就是假设前提。假设条件不同，评估结论也不同。不同的资产业务有着不同的假设前提，资产评估的价值类型与资产评估假设两个概念是密切联系的。资产评估的假设前提包括交易假设、继续使用假设、公开市场假设及清偿假设。可以说，资产评估的方法和理论体系也是在一定假设的条件下建立起来的。

一、交易假设

交易假设是资产评估得以进行的一个最基本的前提假设。它是假定所有待评估资产已经处在交易过程中，评估师根据待评估资产的交易条件等模拟市场进行评估。在资产实际交易之前，交易假设将被评估资产置于“交易”当中，模拟市场进行评估，从而为委托人提供资产交易底价判断，使资产评估得以进行。

二、继续使用假设

继续使用假设是假定资产将按现行用途继续使用，或将转换用途继续使用，能够为所有者带来收益。这一假设的核心是强调资产对未来的有效性。继续使用的方式包括以下三种。

1. 在用续用

在产权发生变动或者资产业务发生后，处于使用状态的被评估资产依照当前的使用方式和用途被继续使用。

2. 转用续用

在产权发生变动或者资产业务发生后，更改被评估资产当前的使用用途，依照新的用途被继续使用。

3. 移地续用

在产权发生变动或者资产业务发生后，变换被评估资产当前的空间位置，将其转移到其他空间位置上继续使用下去。

在该假设下，资产是一种获利能力的体现，不能简单地把资产拆零出售得到的收益加和视为被评估资产的价格。在应用继续使用假设的过程中，需要充分考虑以下条件：①最基本的前提为资产尚有较多的剩余使用寿命；②从经济和法律的角度考虑，被评估资产是否被允许通过转变用途来实现其效用；③被评估资产使用功能完好，并且其所有权明确；④被评估资产可以通过其服务或者用途达到预期收益。

三、公开市场假设

公开市场假设是假定被评估资产能够在完全竞争的资产市场上，根据市场原则进行交易，其价格的高低由该资产在公开市场上的行情决定。所谓公开市场是一个完全竞争市场，在该市场上买者和卖者彼此地位平等，在理性自愿的基础上进行交易，买卖双方拥有充分的时间和机会收集市场信息，并且可以理性判断资产的价格。

公开市场假设是基于市场客观存在的现实形成的，如果没有一个客观存在的市场，那么公开市场假设是不能存在的。无论资产的购买者还是出售者，都希望得到资产的最大最佳效应。因此，在资产评估时，对于具备在公开市场上交易条件的资产进行公开市场假设，并根据资产所在的位置、特点、市场供求等因素确定其最佳用途，按其最佳用途进行评估，有助于通过资产市场实现资产的最佳配置。资产的公开市场价值所适用的最直接的假设前提是公开市场假设。公开市场假设旨在说明一种充分竞争的市场条件，在这种条件下，资产的交换价值受市场机制制约并由市场行情决定，而不是由个别交易决定。

公开市场假设是资产评估中的一个重要假设，其他假设都是以公开市场假设为基本参照的。公开市场假设也是资产评估中使用频率较高的一种假设，凡是能在公开市场上交易、用途较为广泛或通用性较强的资产都可以考虑按这一前提进行评估。

四、清偿假设

清偿假设是假定在非公开市场条件下，由于各种原因如企业破产等，资产整体或者拆成部分被强制出售或者快速变现。清偿假设是基于被评估资产面临清算或具有潜在被清算的事实或可能性，再根据相应数据资料推断出被评估资产处于一种强制出售或者快速变现的状态。因此，在该假设下，买卖双方的地位并不平等，交易时间受到限制，被评估资产的现行市价往往远低于其他条件下的现行市价，即清偿假设条件下被评估资产的评估值通常低于公开市场假设前提或持续使用假设前提下同样资产的评估值，并且清偿假设前提下的资产评估结果的适用范围更为有限，清偿假设本身的使用也比较特殊。

清偿假设条件下的资产评估与公开市场假设条件下的资产评估有以下三点区别：

（1）公开市场假设是指交易在公允条件下进行；清偿假设则是指交易在一定压力下进行。

（2）在公开市场假设条件下，资产交易不受时间限制；在清偿假设条件下，资产交易必须在一定时间内完成。

（3）同一资产在同一基准日的条件下，选用公开市场假设得到的评估值要高于选用清偿假设条件下的评估值。

课后练习题

一、在线测试题

【在线测试题】
扫描书背面的二维码，获取答题权限。
扫描此码 在线自测

二、简答题

1. 简述资产价值形成的理论。
2. 资产的价值类型有哪些?
3. 简述资产评估价值类型在资产评估业务中的作用。
4. 简述资产评估的假设。
5. 资产评估的目的有哪些?

三、思政案例讨论

突发公共事件背景下的资产评估报告处理

2020年新冠肺炎疫情的发生，打乱了人们正常生产生活的节奏。对于资产评估行业，如何在疫情影响的情况下开展业务成了行业内热议的话题。

《中华人民共和国资产评估法》《资产评估行业财政监督管理办法》和《资产评估基本准则》均提出了在评估执业中应“对评估对象进行现场调查，收集权属证明、财务会计信息和其他资料并进行核查验证、分析整理，作为评估的依据”的程序要求。在全国范围内爆发的新冠肺炎疫情打乱了众多评估项目的计划。减少人员流动是防控疫情的重要手段之一，这也使得评估人员开展“现场调查”这一评估程序遇到了实质性的障碍。能否在现场程序受限的情形下出具报告，应该以“未对评估结论产生重大影响”作为判断标准。

具体主要可以分以下几种业务类型来判断。

（一）以财务报告为目的的评估项目

每年一季度是评估机构承办财务报告为目的评估项目的高峰期，由于上市公司的年报需要在4月底之前披露，所以这类评估项目往往是要在3月底4月初完成并提交会计师审核的，这个报告出具的时间点大多是无法推迟的，而由于疫情的影响，实质上2020年的大多数财务报告目的项目无法在报告出具前完成现场调查这一评估程序。对于这类项目，如满足以下条件，评估专业人员基本可以得出“虽现场程序受限但未对评估结论产生重大影响，可以出具评估报告”的结论：①业务是持续的，也就是说，之前年度承办过委托方的并购或财务目的项目；②委托方及审计机构是可信的，即通过以往的合作或公开资料查询，这两者未有过“舞弊”的前科，也不存在人为干预本次评估结果的动机或情形；③评估标的不存在重大异常，即本次财务目的报告涉及的评估标的企业不存在明显的有违历史分析、行业分析等趋势逻辑及财务勾稽关系的状况。

（二）资产/股权出售类评估项目

因有国有资产和上市公司相关产权管理的规定，评估机构承办的业务中有不少属于国有企业或上市公司对外出售需要获得价值参考的目的，对于这类业务，评估专业人员判断是否可以出具报告应着重分析以下几点：①委托方是否有舞弊动机，即对于本次资产/股权出售，要分析是否符合合理的商业逻辑，是否存在因企业“扭亏避免退市”或“考核压力”等因素而“舞弊”的动机；②资产的特性是否便于采用替代程序，即该些资产的特性是否有可靠的现场调查的替代程序，如房地产可以通过现场图片、视频并结合相关政府登记部门的登记查询网站等来替代，现金、应收应付等可以结合企业历史变动数据及审计师的预审情况来替代等；③出售方的责任是否可追索，即出售方是国有大型集团、上市公司或其他信誉好、规模大的公司，一旦出现因提供不实资料导致受让方受损，损失可以通过追索来获得较好的受偿。

（三）资产/股权收购类评估项目

这类项目有三方面原因：①时间的紧迫性有限，即收购事项大多不会紧迫到必须在这个阶段完成的地步；②对于收购方和评估机构而言，涉及的标的往往是第一次接触，未能开展现场工作风险性相对更大；③责任追索不确定性较大，特别是对个人或境外持有人的标的收购后，一旦发现因提供不实资料导致出让方受损，追索难度较大，所以在非特殊情况下，不建议在现场程序受限的情况下出具评估报告。

（资料来源：蒋骁.疫情影响下资产评估专业人员在现场程序受限时开展业务的思考[J].中国资产评估，2020（04）：15-16+20.）

阅读以上材料并回答下列问题：

1.请讨论现场程序受限是否可以出具资产评估报告。

2.资产评估行业应如何针对突发公共事件增强自身抵御风险能力，保障行业持续健康发展？

第三章 资产评估的基本方法

学习目标

通过本章学习，应该能够：

掌握三种资产评估基本方法的应用；

清楚三种资产评估方法的选择及其关系。

思政导读

《中华人民共和国资产评估法》（以下简称《资产评估法》）自2016年12月1日起施行。这是我国社会主义市场经济法律体系建设的一项重要成果，也是资产评估行业发展的一个重要里程碑，标志着我国资产评估行业进入了依法治理的新时代。《资产评估法》汇集了近年来我国经济体制改革和市场经济建设、国家行政体制改革和简政放权、评估行业发展和管理方式改革等多方面的经验和成果。同时，在多方面实现了理念创新、制度创新和管理创新。《资产评估法》的出台有助于更好发挥资产评估的专业作用，对全面深化改革特别是深化国有企业改革、健全完善资本市场、促进混合所有制经济发展等具有重要作用。2019年12月4日，中国资产评估协会印发《资产评估执业准则——资产评估方法》，规定了资产评估方法选择和运用的一般要求，归纳了可以选择一种资产评估方法的情形，实现了《资产评估法》和《评估方法准则》在资产评估方法选择和运用方面相关规定的对接。《评估方法准则》明确了市场法、收益法和成本法三种资产评估基本方法的定义、应用前提条件、重点关注内容等，结合实践列举了常用的具体方法，补充规定了选择评估方法的一般原则和影响因素。其中，可以选择一种资产评估方法的情形包括：一是基于相关法律、行政法规和财政部部门规章的规定可以采用一种评估方法；二是由于评估对象仅满足一种评估方法的适用条件而采用一种评估方法；三是因操作条件限制而采用一种评估方法。操作条件限制应当是资产评估行业通常的执业方式并且是无法排除的，不得以个别资产评估机构或者个别资产评估专业人员的操作能力和条件作为判断标准。《评估方法准则》有利于指导资产评估机构、资产评估专业人员在资产评估执业实践中合理使用资产评估方法，可提高执业质量。

从中国资产评估行业诞生之日算起，资产评估的理论研究伴随着资产评估实践历经30多年，取得了不俗的成绩，其中资产评估的三种基本方法是资产评估实践的核心内容。本章将为大家讲解三种方法的具体操作路径。

第一节　收益法

一、收益法的基本原理

收益法是一种根据被评估资产未来预期收益进行折现或者本金化处理来评估资产价值的方法，其理论基础是效用论。在风险报酬率一定的情况下，资产的未来收益越高，其价值就越大。一项资产目前的价值即人们为拥有该项资产预期收益的权利并按照目前市场利率及其收益的风险程度而应在目前支付的价格，这时就要考虑货币的时间价值问题。

货币时间价值即在不考虑通货膨胀和风险的情况下，货币经历一定时间的投资和再投资所增加的价值。货币时间价值相关计算公式如下：

（1）复利终值。复利终值是指特定资金按照复利计算的若干期后的本利和，其公式为

$$F=P（1+i）^{n}=P\times（F/P，i，n）$$

（2）复利现值。复利现值是指未来一定时间的特定资金按照复利计算的现在价值，其公式为

$$P=F（1+i）^{-n}=F（P/F，i，n）$$

（3）普通年金终值。普通年金终值是指一定时期内每期期末等额的系列收付款项的复利终值之和，其公式为

$$F_A=A\frac{(1+i)^{n}-1}{i}=A（F/A，i，n）$$

（4）普通年金现值。普通年金现值是指一定时期内每期期末等额的系列收付款项的现值之和，其公式为

$$P_A=A\frac{1-(1+i)^{-n}}{i}=A（P/A，i，n）$$

以上式中 F 为终值，P 为现值，i 为折现率，n 为期限，A 为年金。

（5）永续年金是普通年金的特殊形式，是指无限期等额支付的年金。永续年金没有终止时间，也就没有终值，其年金的现值 = 年金 ÷ 资本化率。

【例 3-1】某企业从日本松下电器公司引进一条彩电玻壳生产线，经测算，该生产线可使用 20 年，在使用期间，若开工率为 100% 时，未来每年可给企业带来 3 000 万元的净收益，适用折现率为 15%，请评估这条生产线的价值。

解：$V=A$（P/A，15%，20）=3 000×6.259 3=18 777.9（万元）

【例 3-2】某资产在未来 6 年每年年末的净收益分别为 400 万元、420 万元、440 万元、460 万元、460 万元、460 万元，在第 6 年年末，可转让给其他持有者，转让价格为 2 000 万元，

市场利率为 12%，请评估该资产的现值。

解：$V = 400\times(P/F,12\%,1) + 420\times(P/F,12\%,2) + 440\times(P/F,12\%,3) + 460\times(P/A,12\%,3)\times(P/F,12\%,3) + 2000\times(P/F,12\%,6)$

$= 2\ 804.81$（万元）

【例 3-3】某企业进行股份制改造，未来五年的收益分别为 13 万元、14 万元、11 万元、12 万元、15 万元，折现率与资本化率都是 10%，请用年金化法评估该企业的价值。

解：

$$A=\left[\frac{13}{1+10\%}+\frac{14}{(1+10\%)^2}+\frac{11}{(1+10\%)^3}+\frac{12}{(1+10\%)^4}+\frac{15}{(1+10\%)^5}\right]\div(P/A,10\%,5)$$

$= 49.162\ 9 \div 3.790\ 8$

$= 12.969$（万元）

$P = \frac{A}{i} = 12.969 \div 10\% = 129.69$（万元）

二、收益法的评估思路及运用前提

收益法亦称为收益折现法，它通过估测被评估资产的未来预期收益，并将其按一定的折现率或资本化率折成现值，从而确定该项资产的评估值。

收益法运用的前提条件有三个：

（1）资产的收益可用货币计量并可预测。收益法根据被评估资产的预期产出能力和获利能力来估测其价值，仅适用于被评估资产和其收益彼此关系比较稳定的情况。例如，公益性资产由于其收益与资产价值弱对应，所以将难以使用收益法进行评估。又如，因单台设备的产出能力难以预测也不适用于收益法评估。

（2）资产所有者所承担的风险可用货币计量。这里所说的风险包括被评估资产所在的区域风险、行业风险及企业风险等。由于这些风险是用于测算折现率或资本化率的基础参数，所以在其难以估测的情况下，收益法并不适用。

（3）预期获利年限可预测。这里具体是指被评估资产的现值受到其未来获利年限多少的影响。

三、收益法的评估程序

运用收益法进行资产评估的一般程序包括：

（1）收集验证有关经营、财务状况的信息资料；

（2）计算和对比分析有关指标及其变化趋势；

（3）预测资产未来长期收益，并确定折现率或本金化率；

（4）将预期收益折现或本金化处理，确定被评估资产价值。

四、收益法的具体操作方法

（一）预期收益额的确定

1. 预期收益参数可取税后利润、税后净现金流量或利润总额

税后利润根据权责发生制确定，税后净现金流量根据收付实现制确定。二者均属于税后净收益，都是资产持有者的收益，在收益法中被普遍采用。由于净现金流量更能准确客观地反映资产预期收益及获利能力，一般情况下把净现金流量作为预期收益更合适。

另外，由于利润总额包含了不属于资产持有者的税收，因而一般不适宜作为预期收益。但是当税收优惠政策过多时，为了使各项投资收益之间具有可比性，也可采用利润总额作为预期收益。

在评估中还要注意预期收益与实际收益的关系处理。实际收益中要在排除偶然的、特殊的原因后提取出一般正常收益，方可用于评估。例如，城市中一块空地目前没有利用，实际收益为零甚至为负，不能因此评估这一空地价值为零。又如，企业拥有一台十分先进的设备，由于企业经营不善，致使资产利用率很差，这也不能说明这一设备无价值。

2. 预期收益的测算

测算预测收益的方法很多，如定性分析中的德尔菲法或专业人员分析法等，定量分析中多用时间序列法和因素分析法等。

（1）德尔菲法是分别将所需解决的问题单独发送到各个专家手中，征询意见，然后回收汇总全部专家的意见，并整理出综合意见；随后将该综合意见和预测问题再分别反馈给专家，再次征询意见，各专家依据综合意见修改自己原有的意见，然后再汇总；这样多次反复，逐步取得比较一致的预测收益结果。

（2）时间序列法是根据被评估资产的以往收益建立时间序列方程，进而假设该时间序列未来一直持续，然后通过回归分析统计方法进行未来收益的预测。

（3）因素分析法是在预测收益时较广泛采用的一种方法。首先，需要确定某项资产收支的影响因素；其次，建立这些影响因素与收益的量化关系，并对这些影响因素未来的变化加以预测；最后，根据这些因素测算该资产的未来收益。

（二）折现率与资本化率的确定

折现率是指将未来有限期的预期收益（收入流）折算成现值的比率；资本化率是指将未来永续性预期收益（年金）转化为现值（本金）的比率。二者本质上都是一种将未来预期收益折成现值的比率。

折现率可被视为投资中对收益流所期望的回报率，需考虑投资的机会成本和收益的不确定性或者风险。无风险报酬率和风险报酬率共同构成了折现率，公式表示如下：

$$折现率 = 无风险报酬率 + 风险报酬率$$

资本化率公式表示如下：

$$资本化率 = 折现率 - 未来年收入的增长率$$

在收益法运用中，确定恰当折现率的基本方法有：累加法、CAPM 模型、WACC 模型和市场比较法。

1. 累加法

累加法认为折现率包含无风险报酬率与风险报酬率两部分，每一部分可分别求取，然后相加得出折现率。其中，风险报酬率是指超过无风险报酬率的那部分投资回报率。风险报酬率的计算公式为

$$风险报酬率 = 经营风险报酬率 + 财务风险报酬率 + 行业风险报酬率$$

通常情况下，与较大风险相联系的是较高的预期收益，与较小风险相联系的是较低的预期收益。

2. CAPM 模型

CAPM 模型计算公式为

$$R=R_f+\beta（R_m-R_f）$$

式中，R_m 为社会平均报酬率；R_f 为无风险报酬率。（R_m-R_f）表示市场平均风险报酬率；β 是指相比其他企业，被评估企业的风险程度；R 是投资者要求的收益率，与 β 呈正相关的关系。

3. WACC 模型

如果把资产看作企业持续经营的投入资金总额，那么企业资产可以理解为长期负债与所有者权益之和。长期负债和所有者权益所表现出的利息率和投资收益率必然影响折现率的计算。用加权平均法来计算折现率，其公式为

$$\begin{aligned}折现率 = {} & 长期负债占资产总额的比重 \times 长期负债的利息率 \times（1-所得税率）+ \\ & 所有者权益占资产总额的比重 \times 投资报酬率\end{aligned}$$

式中，投资报酬率 = 无风险收益率 + 风险报酬率。

4. 市场比较法

该方法以替代原则为理论基础，通过寻找与被评估资产相类似的资产的市场价格以及该资产的收益来倒求折现率，仅适用于市场比较稳定、有大量丰富交易案例的情况，并且交易案例与待评估对象具有相关性和替代性。该方法基本思路可以用如下公式表示：

$$被估资产的折现率 = \left(\sum_{i=1}^{n} 样本资产的收益 \div 样本资产的价格\right) \div n$$

其中，n 为样本资产数。样本资产是指在行业、风险程度、收益水平等方面与被评估资产相似的资产。

（三）收益期限的确定

资产的收益期限是指资产未来获得收益的持续时间。收益期限要根据资产的具体类型来确定。同时，它还取决于法律法规、被评估资产的自然属性、合同规定、历史收益情况及未来变化趋势等因素。

五、收益法的适用性

收益法是从资产获利能力的角度来确定资产价值，它最适用于那些形成资产的成本费用与其获利能力不对称，以及成本费用无法或难以准确计算的资产，如企业整体资产、无形资产、资源性资产的价值评估。收益法能真实和较准确地反映企业本金化的价格。应用此方法评估的资产价格，易与投资决策相结合，并为买卖双方所接受。

但是，该方法由于预期收益额的预测难度较大也存在局限性，评估中适用范围较小。同时，其操作具有较大成分的主观性，如对未来收益额的预测、对风险报酬率的确定等，所以对评估结果较难把握。

第二节　重置成本法

一、重置成本法的基本原理

重置成本法，亦称成本法，其理论基础是生产费用价值论，即认为商品价值是由该商品生产需要的成本和费用所决定的。因此，重置成本法就是按照现行市场价格来确定重新购买该项资产的价值的一种评估方法。

二、重置成本法的评估思路及运用前提

重置成本法的评估思路是：先计算被评估资产的现时重置成本，即按现实市场条件重新购建与被评估资产功能相同的处于全新状态下的资产所需要的成本耗费，然后再扣减其各项损耗，最终所得差值就是资产的评估值。

应用重置成本法，一般要考虑四个前提条件：①购买者对拟交易的评估对象不改变原来用途；②评估对象的实体特征、内部结构及其功能效用必须与假设重置的全新资产具有可比性；③评估对象必须是可以再生的，可以复制的，不能再生、复制的评估对象不能采用重置成本法；④评估对象必须是随着时间的推移，具有陈旧贬值性的资产，否则就不能运用重置成本法进行评估，如古董、文物等。

综上，重置成本法的适用范围为：①可复制、可再生、可重新建造和购买的，具有有形损耗和无形损耗特性的单项资产，如房屋建筑物、各种机器设备，以及具有陈旧贬值性的技术专利、版权等无形资产；②可重建、可购置的整体资产，如宾馆、剧院、企业等。

三、重置成本法的评估程序

应用重置成本法进行资产评估一般按照下列程序操作：

（1）被评估资产一经确定即应根据该资产实体特征等基本情况，用现时（评估基准日）市价估算其重置全价；

（2）估算各项损耗；

（3）估算确认被评估资产的价值。

四、重置成本法的具体操作方法

重置成本法基本计算公式表述如下：

$$被评估资产评估值=重置成本-实体性损耗-功能性损耗-经济性损耗$$

或者

$$被评估资产评估值=重置成本\times综合成新率$$

（一）重置成本及其计算

重置成本是被评估资产评估基准日的再取得成本，一般可以分为复原重置成本和更新重置成本。

（1）复原重置成本是指运用与原来相同的材料、建筑或制造标准、设计、格式及技术等，以现时价格复原购建这项全新资产所发生的支出。

（2）更新重置成本是指利用新型材料、新工艺、新技术，以现时价格生产或建造具有同等功能的全新资产所需的成本。

进行更新重置成本和复原重置成本的选择时，在同时可获得复原重置成本和更新重置成本的情况下，应选择更新重置成本；在无更新重置成本时可采用复原重置成本。一般来说，复原重置成本大于更新重置成本。

更新重置成本和复原重置成本采用的都是资产的现时价格，它们的不同之处在于资产在技术、设计、标准方面的差异，而对于设计、耗费、格式几十年不变的某些资产，其更新重置成本与复原重置成本是一样的。无论是更新重置成本还是复原重置成本，资产本身的功能不变。

重置成本的计算方法如下：

1. 重置核算法

重置核算法是根据资产的成本构成，以现行市价为标准，计算被评估资产重置成本的一种方法，其计算公式为

$$重置成本=直接成本+间接成本$$

式中，直接成本是指在购建全新资产时能够直接计入购建成本的那部分费用，如资产的购置费用、安装费用和人工费用等；间接成本是指不与生产过程直接产生联系，在购建全新资产时不可直接计入的那部分支出，如管理费用、财务费用等，需要考虑使用一定的分配方法进行分配后才能计入有关成本的计算。

【例 3-4】某企业 5 年前购置一台设备，原购买价 200 000 元，运杂费 1 500 元，直接安装费 1 200 元（其中，原材料费 700 元，人员工资 500 元）。据统计分析，这台设备的间接成本为每元人工成本的 0.85 倍，评估时，经调查，现行买价为 250 000 元，运杂费为 2 500 元，直接安装费 1 800 元（其中，原材料费 1 000 元，人员工资 800 元），间接成本平均为直接成本的 0.9%，不考虑其他情况，试问重置成本是多少？

解：重置成本 =（250 000+2 500+1 800）×（1+0.9%）=256 588.7（元）

2. 功能系数法

如果无法获得处于全新状态的被评估资产的现行市价，就只能寻找与被评估资产相类似的处于全新状态的资产的现行市价作为参照物，之后通过调整参照物与被评估资产之间的功能差异来获得被评估资产的重置成本。因此，采用功能系数法确定重置成本时，不用再减去功能性损耗，因为该评估值是计入了功能性损耗的更新重置成本。

由于资产的成本（价值）与功能之间的函数关系有两种表现，所以功能系数法有以下两种计算方法：

（1）若资产的功能与成本呈线性关系，其计算公式为

$$被估资产重置成本=参照物成交价\times\frac{被估资产生产能力}{参照物生产能力}$$

（2）若资产的功能与成本呈非线性关系，即指数关系，其计算公式为

$$被估资产重置成本=参照物重置成本\times\left(\frac{被估资产年产量}{参照物年产量}\right)^{x}$$

式中，x 为规模经济效益指数，它通常参考历史经验数据，按照行业设定，不同的行业规模经济效益指数取值范围也不同。例如，美国加工工业对该指数的经验数据一般在 0.7 左右，房地产行业一般为 0.9。

【例 3-5】已知某企业重置一台全新车床的价格为 15 万元，年产量 9 000 件，而被评估资产的年产量为 6 000 件，请计算该资产的重置成本。

解：重置成本 =150 000×6 000/9 000=100 000（元）

【例 3-6】已知被评估资产的生产能力为 900 000 件 / 年，参照物重置成本为 500 万元，生产能力为 300 000 件 / 年，若设规模经济效益指数为 0.7，计算其重置成本。

解：重置成本 =500×（900 000/300 000）$^{0.7}$=1 078.83（万元）

3. 物价指数法

物价指数法是指根据已掌握的同类资产（最好是同种资产）历年的价格指数，利用统计预测技术，找出被评估对象价格的变动方向、趋势和速度，进而推算出原购置年代和评估基准日期的价格指数，以这两个时期价格指数变动比率与资产原值计算重置成本。如果既无法获得处于全新状态的被评估资产的现行市价，也无法获得与被评估资产相类似的参照物的现行市价，就只能根据资产的历史成本按物价指数进行调整来获取被评估资产的重置成本，其计算公式为

$$被评估资产重置成本=资产的历史成本\times\frac{资产评估时物价指数}{资产购建时物价指数}$$

$$被估资产重置成本=资产的历史成本\times(1+a_1\%)(1+a_2\%)\cdots(1+a_n\%)$$

式中，$a_n\%$ 表示后期与前期相比物价上升幅度；n 表示期数。

综上所述，物价指数法是在资产原始价值的基础上，按资产评估时的物价水平换算为现时成本。因此，物价指数法是建立在不同时期的某一种或某类甚至全部商品的物价变动水平上的，仅对价格变动因素进行考虑而求得的一种复原重置成本。

【例 3-7】某项资产购建于 2008 年，账面原值为 20 万元，2018 年进行评估，已知 2008 年该类资产的定基物价指数为 100%，2018 年该类资产的定基物价指数 150%，计算该资产的重置成本。

解：重置成本 =20×150%/100%=30（万元）

【例 3-8】某项资产购建于 2008 年，账面原值为 10 万元，2018 年对其进行评估，已知 2008~2018 年该资产的价格每年上涨 10%，计算该资产的重置成本。

解：重置成本 =10×（1+10%）^{10}=25.94（万元）

4. 统计分析法

在被评估资产单位价值较低、数量较多的情况下，考虑到降低成本、节约时间及提高评估效率，可以运用统计分析法来评估某类资产的重置成本。一般来说，选取的样本量越大，

评估值越准确。统计分析法的一般步骤如下：

（1）按标准对资产加以分类；

（2）抽样选择代表性资产；

（3）估算调整系数 K= 抽样重置成本和 / 抽样历史成本和；

（4）V= 某类资产原始成本 ×K。

【例 3-9】抽样选择全部设备中具有代表性的设备 8 台，估算重置成本为 40 万元，其历史成本为 20 万元，全部设备账面值为 500 万元，则计算全部设备的重置成本。

解：重置成本 =500×（40/20）=1 000（万元）

（二）有形损耗及其计算

有形损耗是指由于使用或者自然力的作用造成资产实体发生的损耗。例如，设备由于Ⅰ型（设备在使用过程中，由于零部件受到摩擦、冲击、振动或交变载荷的作用，使得零件或部件产生磨损、疲劳等破坏）和Ⅱ型（设备在闲置过程中，由于受自然界中的有害气体、雨水、射线、高温、低温等侵蚀，出现腐蚀、老化、生锈等）有形磨损，由此引起的贬值。

在资产评估时，要注意区分有形损耗与折旧，不能把会计标准里的累计折旧视为有形损耗。因为折旧率由国家规定，是针对特定固定资产制定的会计标准，不能体现资产实际的磨损消耗。一般采取以下方法来确定资产的有形损耗。

1. 观察法

观察法，亦称成新率法，是指对被评估资产，由评估人员对资产实体各主要部位进行现场观察，并通过仪器测量等方式进行技术鉴定，同时结合资产的现时技术状态、实际已使用时间、正常负荷率、原始制造质量、维修保养状况、重大故障经历、设备工作环境、设备外观和完整性等情况对资产的功能、使用效率所带来的影响，经综合分析后估测被评估资产的成新率，其计算公式如下：

$$\text{被评估资产的有形损耗}=\text{重置成本}\times(1-\text{成新率})$$

式中，成新率 =1– 实体性贬值率。

2. 使用年限法

使用年限法是根据评估对象的有关指标数据，利用计算折旧从而求出有形损耗的一种方法。使用年限法所显示的评估技术思路是一种应用较为广泛的评估技术。在资产评估实际工作中，评估人员还可以利用资产的工作量、行驶里程等指标，以年限法的技术思路测算资产的实体性贬值，其计算公式如下：

$$\text{被评估资产的有形损耗}=\frac{\text{重置成本}-\text{残值}}{\text{总使用年限}}\times\text{实际已使用年限}$$

式中，残值是指被评估资产报废清理时净回收的数额。残值比较小时可忽略不计，残值比较大时要计入；总使用年限等于实际已使用年限加上尚可使用年限；实际已使用年限与资产在使用中的负荷程度以及日常保养有关，是指一项资产在评估时经确认已使用的年数，其计算公式如下：

$$\text{总使用年限}=\text{实际已使用年限}+\text{尚可使用年限}$$

$$\text{实际已使用年限}=\text{名义已使用年限}\times\text{资产利用率}$$

评估中经常遇到的被评估资产是经过更新改造过的。对于更新改造过的资产，理论上采取加权法来处理有形损耗的评估，其计算公式如下：

$$\text{加权更新成本}=\text{已使用年限}\times\text{更新成本（或购建成本）}$$

$$\text{加权平均已使用年限}=\frac{\sum\text{加权更新成本（或购建成本）}}{\sum\text{更新成本（或购建成本）}}$$

【例 3-10】一项资产于 2008 年 2 月购建，2018 年 2 月进行资产评估，正常情况下，每天工作 8 小时，但实际情况是每天工作 7.5 小时，请计算该资产实际已使用年限。

解：资产利用率 =10×360×7.5÷（10×360×8）×100%=94%

实际已使用年限 =10×94%=9.4（年）

3. 修复费用法

修复费用法是利用恢复资产功能所支出的费用金额来直接估算资产实体性贬值的一种方法，所谓修复费用包括资产主要零部件的更换或者修复、改造、停工损失等费用支出。如果资产可以通过修复恢复到其全新状态，可以认为资产的实体性损耗等于其修复费用。修复费用法尤其适用于需要定期更换易损件的机器设备（如纺织设备等）。该方法主要是根据其修复的技术指标，鉴定其修复效果，审核其修复费用，并在核定原修复费用的基础上用物价指数法将修复费用换算为评估基准日的价值，然后计算其综合成新率。其计算公式如下：

$$\text{综合成新率}=1-\frac{\text{修复费用}}{\text{重置成本}}\times 100\%$$

$$\text{实体性贬值}=\text{重置成本}\times(1-\text{综合成新率})$$

（三）功能性损耗及其计算

资产的功能性损耗也称功能性贬值，属于无形损耗的一种，是指由于新技术的推广和运用，使得企业原有资产与社会上普遍推广和运用的资产相比较出现技术明显落后、性能降低等情况而导致其价值相应减少。功能性损耗主要体现在被评估资产的运营成本高于同类技术水平高的资产，以及被评估资产的生产能力低于技术水平高的资产。例如，由于设备生产厂家采用新技术，使某厂正在使用的车床相对物耗上升了 20% 就属于功能性损耗。被评估资产功能性贬值额的具体计算公式如下：

$$功能性贬值额 = 年超额运营成本 \times（1- 所得税率）\times（P/A，r，n）$$

式中，（P/A，r，n）为年金现值系数。

资产的超额运营成本主要体现在：材料消耗、能源消耗、工时消耗等的增加，以及废品率上升、等级下降等方面。

另外，还可以通过超额投资成本估算被评估资产的功能性贬值额，此时功能性贬值额为复原重置成本与更新重置成本之差。但在一般情况下，超额运营成本指标的应用更加普遍。

【例 3-11】某被评估资产与目前普遍使用的技术先进的资产相比，在完成同样生产任务的情况下，能耗超支 3 万元，工耗超支 1 万元。经评估人员鉴定，该资产尚可使用 3 年，同行业的资产平均收益率为 10%，企业所得税税率为 15%，试求资产的功能性贬值。

解：功能性贬值 =（30 000 + 10 000）×（1–15%）×（P/A，10%，3）= 84 552.97（元）

（四）经济性损耗及其计算

经济性损耗属于无形损耗，是指因资产的外部环境变化而非资产自身原因所导致的贬值。例如，外部环境变化导致设备所生产的产品滞销、竞争加剧、原材料价格上涨等，最终表现为设备利用率下降与收益额减少，从而影响设备价值。引起外部环境变化的原因主要有：

①宏观经济衰退导致社会总需求不足；

②国家调整产业政策对资产所在行业的冲击；

③环保政策对资产或资产所生产的产品的限制；

④经济地理位置变化和污染问题对资产价值的影响；

⑤通货膨胀时期实施的高利率政策加重企业负担。

资产经济性贬值的估算主要是以评估基准日以后是否闲置、停用或利用不足为依据，其对象主要包括：生产线或机组、大型重要设备等。对一般中小型单台设备、辅助设备等通常不单独计算其经济性贬值。对评估基准日后不再继续使用或无继续使用价值的设备，不专门估算其经济性贬值。

经济性损耗的产生主要由两个原因导致：一是资产利用率的下降；二是资产年收益额的损失。

（1）由于资产利用率下降而导致的经济性损耗的计算公式如下：

$$经济性贬值率=\left[1-\left(\frac{设备预计可被利用的生产能力}{设备原设计生产能力}\right)^x\right]\times100\%$$

$$经济性贬值额=重置成本\times经济性贬值率$$

式中，x 为规模经济效益指数。

（2）由于资产年收益额减少而导致的经济性损耗的计算公式如下：

$$经济性贬值额=年收益损失额\times（1-所得税率）\times（P/A, r, n）$$

【例 3-12】某生产线的设计能力为 10 000 吨，由于市场疲软，企业竞争力下降，预计现实生产能力为 8 000 吨。经评估，生产线的重置成本为 1 500 万元，不考虑其他贬值，试求该生产线的经济性贬值额，设 x=0.7。

解：

经济性贬值率 = 1–（8 000/10 000）$^{0.7}$×100% = 15%

经济性贬值额 =1 500×15%=225（万元）

（五）综合成新率及其计算

综合成新率是指在综合考虑资产的各种损耗后所确定的成新率，它反映了资产现行价值与其全新状态重置价值的比率，其计算方法有以下三种：

1. 观察法

观察法，亦称经验估算法，是指经过仔细观察和分析后，由专业评估人员、技术人员、维修人员等对被评估对象的尚可使用年限加以估测，进而确定其成新率。

2. 使用年限法

使用年限法是根据被评估资产的预计尚可使用年限与其总使用年限的比率确定综合成新率，其计算公式如下：

$$综合成新率=\frac{预计尚可使用年限}{实际已使用年限+预计尚可使用年限}\times100\%$$

【例 3-13】被评估设备建于 2006 年，账面价值 100 000 元，2011 年对设备进行了技术改造，追加技改投资 50 000 元，2016 年对该设备进行评估，根据评估人员的调查、检查、对比分析得到以下数据：①从 2006 年至 2016 年每年设备价格上升率为 10%；②该设备的月人工成本比替代设备超支 1 000 元；③被评估设备所在企业的正常投资报酬率为 10%，规模效益指数为 0.7，所得税率为 15%；④该设备在评估前使用期间的实际利用率仅为正常利用率的 50%，经技术检测该设备尚可使用 5 年，在未来 5 年中设备利用率能达到设计要求。要求：估算被评估设备的重置成本、实体性贬值额、功能性贬值额、经济性贬值额及被评估设备的评估值。

解：

（1）重置成本 =100 000×（1+10%）^{10}+50 000×（1+10%）^{5}=339 899.75（元）

（2）计算实体性贬值额：

加权投资年限 =[（259 374.25×10+80 525.5×5）÷339 899.75]×50%=4.4（年）

实体性贬值率 =4.4÷（4.4+5）=46.8%

实体性贬值额 =339 899.75×46.8%=159 073.08（元）

（3）计算功能性贬值额：

年超额运营成本 =12×1 000=12 000（元）

年超额运营成本净额 =12 000×（1–15%）=10 200（元）

功能性贬值额 =10 200×（P/A，10%，5）=10 200×3.790 8=38 666.16（元）

（4）经济性贬值 =0

（5）计算被评估设备的评估值：

评估值 =339 899.75–159 073.08–38 666.16=142 160.51（元）

五、重置成本法的适用性

重置成本法较全面地考虑了损耗，评估结果更趋于公平合理。重置成本法最适用于没有收益、市场上又很难找到交易参照物的评估对象，如，学校、医院、教堂、公路、桥梁等。同时，该方法也有利于特定用途资产和单项资产的评估，常常被应用于国有企业资产保值评估实践中。运用成本法应注意两个问题：一是历史资料的真实性，二是形成资产价值的成本耗费是必要的。重置成本法评估时会应用较多的历史资料，从而导致评估工作量大。该方法的运用一般没有严格的前提条件，无法计算收益的资产以及找不到参照物的专用资产的评估均可使用该方法。因此，重置成本法既可用于评估资产的市场价值，也可用于评估资产的非市场价值，包括有限市场资产、专用资产及以非产权变动为目的的企业价值评估。

第三节　市场法

一、市场法的基本原理

市场法又称现行市价法，以马歇尔的均衡价格论为理论基础。该方法是根据市场上该项资产的现行市价对其评估值进行确定。值得注意的是，市场法中的现行市价与原始成本没有直接关系。

二、市场法的评估思路及运用前提

市场法的评估思路是，首先根据替代原则，参照执行市场上形成的相同或类似资产的公允交易价格；然后对被评估资产与参照物之间的各项差别进行修正，将参照物的交易价格调整为被评估资产的评估值。

市场法的评估思路可用公式表示为

$$被估资产评估值=\left[\sum_{i=1}^{n}(参照物成交价\times各项调整系数)\right]\div n$$

式中，n 为参照物数量。

市场法运用的前提条件包括：①充分发育活跃的公开资产市场；②参照物及其与被评估资产可比较的指标、技术参数等资料在公开市场上能够搜集到。

三、市场法的评估程序及指标的确定

（一）选择适当的参照物

一般来说，参照资产的选择应满足四个条件。

（1）参照资产的基本数量至少要选择三个以上。若交易案例数量过少，就不能客观地反映市场行情。

（2）参照物资产的交易价格务必真实，不可采用拍卖底价或报价等非现实成交价。

（3）参照资产与被评估资产彼此之间相同或相似，具有内在可比性。例如，在机器设备评估中，二者应尽可能型号、规格类似，功能相近；就房地产评估而言，二者应尽可能在同一区域或者相邻区域；就企业整体评估而言，二者应尽可能在产出规模、盈利水平、发展速度、市场定位等方面大体相似，故而在实际操作中应该在充分发育活跃的公开资产市场寻找合适参照物，在不活跃的市场中寻找的难度较大。

（4）参照资产的交易时间应尽量与被评估资产相近。

（二）修正差异

1. 时间差异

调整时间差异一般采用价格指数调整，即考虑参照物的成交时间与评估对象的评估基准日之间的时间间隔对资产价格的影响，利用价格指数调整估算评估对象价值的方法。

2. 区域差异

修正区域差异主要采取打分法。如果参照资产的区域条件优于被评估资产，应将参照资产的交易价格下调，此时调整系数小于 1；反之，应将参照资产的交易价格上调，此时调整系数大于 1。

3. 功能差异

功能差异的调整即考虑参照物的功能与评估对象功能之间的差异，以参照物价格为基础调整估算评估对象价值的方法。调整功能差异可以采用功能系数法，一般通过绝对数和相对数指标进行衡量。

4. 成新率差异

成新率差异是由有形损耗的差异造成的。如果参照资产的成新率大于被评估资产，应将参照资产的交易价格下调，此时调整系数小于 1；反之，把参照资产的成交价上调，此时调整系数大于 1。

5. 交易情况差异

交易情况之间的差异调整主要集中在三个方面，包括参照资产的交易价格与市场正常成交价的修正、购买情况不同的修正以及融资条件不同的修正。

（三）计算评估值

经过对多项参照资产交易价格的系数调整后，对其调整值可采用算术平均或加权平均的方法，最终得出被评估资产的评估值。

四、市场法的具体操作方法

（一）直接比较法

直接比较法是指利用参照物的交易价格及参照物的某一基本因素直接与评估对象的同一基本因素进行比较，从而判断评估对象评估值的方法，其计算公式如下：

$$评估对象价值 = 参照物成交价格 \times \left(\frac{评估对象\text{ A }因素}{参照物\text{ A }因素}\right)$$

直接比较法运用的前提是参照物与评估对象要达到相同或者基本相同，仅在某一因素上存在差异，如新旧程度、交易时间、功能、交易条件等。直接比较法的具体计算方法有以下 6 种：

1. 功能系数法

功能系数法是指以参照资产的交易价格为基础，根据参照物与评估对象二者之间存在的功能差异，对两者的功能差异进行调整估算评估对象价值的方法，其计算公式如下：

$$资产评估价值=参照物成交价格\times\left(\frac{评估对象生产能力}{参照物生产能力}\right)$$

2. 物价指数法

物价指数法是指以参照资产的交易价格为基础，考虑参照物的成交时间与评估对象的评估基准日之间的时间间隔对资产价值的影响，利用价格指数调整参照物成交价进而估算评估值的方法，其计算公式如下：

$$资产评估价值=参照物成交价格\times（1+物价变动指数）$$

3. 成新率价格法

成新率价格法是指以参照资产的交易价格为基础，考虑参照物与评估对象仅存在新旧程度的差异，通过成新率调整估算出评估对象的价值，其计算公式如下：

$$资产评估价值=参照物成交价格\times\left(\frac{评估对象成新率}{参照物成新率}\right)$$

4. 市价折扣法

市价折扣法是指以参照资产的交易价格为基础，考虑到评估对象在销售条件、销售时限等方面的不利因素，根据评估人员的经验或有关部门的规定，设定一个价格折扣率来估算评估对象价格的方法，其计算公式如下：

$$资产评估价值=参照物成交价格\times（1-价格折扣率）$$

5. 成本市价法

成本市价法是指以评估对象的现行合理成本为基础，利用参照物的成本市价比率来估算评估对象价值的方法，其计算公式如下：

$$资产评估价值=参照物成交价格\times\left(\frac{评估对象现行合理成本}{参照物现行合理成本}\right)$$

6. 市盈率乘数法

市盈率乘数法是指以参照物的市盈率作为乘数（倍数），将此乘数与评估对象的收益额相乘估算评估值的方法，其计算公式如下：

$$资产评估价值=评估对象收益额\times参照物市盈率$$

（二）类比调整法

该方法选择与评估对象大体相似的参照物，通过对比分析调整参照物与评估对象之间的差异，就能够在参照物的交易价格基础上调整估算评估对象的价值，其计算公式如下：

交易案例 A 的调整值 = 参照物 A 的成交价 × 时间因素调整系数 ×
区域因素调整系数 × 功能因素调整系数 ×
情况补正系数

或

交易案例 A 的调整值 = 参照物 A 的成交价 ± 时间因素调整值 ±
区域因素调整值 ± 功能因素调整值 ±
成新率调整值 ± 交易情况调整值

【例 3-14】评估某商业用房，面积为 500m^2。评估目的是企业联营，故采用公允市价标准。评估基准日为 2012 年 12 月 31 日。评估人员在房地产交易市场上找到三个与评估基准日接近的商业用房的交易案例，具体情况如表 3-1 所示。

表 3-1　参照商业用房交易案例

参 照 物	A	B	C
成交价格（元 /m²）	16 400	19 800	19 590
成交日期	2012.8	2012.11	2012.12
区域条件	比被评估资产好	比被评估资产好	比被评估资产好
交易情况	正常	高于市价 4%	正常

该商业用房与三个参照物新旧程度相近，结构也相似，故无须对功能因素和成新率因素进行调整。三个参照物所在区域条件均比被评估资产所在区域好，综合评分为 107。当时房产价格月上涨率为 4%，故参照物 A 的时间因素调整系数为（1+4%）^{4}=117%；参照物 B 的时间因素调整系数为 1+4%=104%；参照物 C 因在评估基准日当月交易，故无须调整（见表 3-2）。

表 3-2　参照物成交价的调整过程

参 照 物	A	B	C
交易单价（元 /m²）	16 400	19 800	19 590
时间因素修正	$\frac{117}{100}$	$\frac{104}{100}$	$\frac{100}{100}$
区域因素修正	$\frac{100}{107}$	$\frac{100}{107}$	$\frac{100}{107}$
交易情况修正	$\frac{100}{100}$	$\frac{100}{104}$	$\frac{100}{100}$
修正后的价格（元）	17 932.71	18 504.67	18 308.41

被评估资产的单价 =（17 932.71+18 504.67+18 308.41）÷ 3 = 18 248.60（元 /m²）

被评估资产总价 = 18 248.60×500 = 9 124 300（元）

五、市场法的适用性

市场法能更好地反映市场现实价格，其评估结果也易于被各方面理解和接受。应用市场法有两个前提条件：一方面要求产权交易市场较为成熟，有足够多的交易样例；另一方面是对被评估对象本身的要求，即被评估对象应是具有一定通用性的资产。市场法不适用于专用机器设备及大部分的无形资产。

第四节　资产评估方法的选择

资产评估方法选择是一个复杂的过程，没有固定的模式，需要根据具体案例进行具体分析，选择合适的评估方法，但在实际评估过程中，可能需要以多种评估方法相结合的方式进行资产评估。如何选择适宜的资产评估方法，评估人员不仅要有深厚的资产评估理论知识，更要具备较强的资产评估实践能力。

一、资产评估方法之间的关系

收益法、重置成本法与市场法是资产评估三种最基本的方法。这三种方法之间既相互联系又各有特点，具体表现在以下几点。

（一）反映资产价值的角度不同

不同的评估方法自成体系，各自从不同的角度评估资产价值，计算原理也各不相同，所以适用于不同的资产评估价值类型。例如，在资产评估过程中，市场法和重置成本法往往容易混淆，但二者均是从不同角度对被评估资产进行了价值体现。这两种方法的区别表现在以下四个方面。

（1）重置成本法是按现行市场价格确定重新购买该项资产的价值，市场法则是按市场上该项资产交易价格确定。前者从买者角度，以购建某项资产的耗费来确定评估价值；后者则是从卖者角度，即市场上的销售价格来确定评估价值。

（2）市场法中的现行市价是指资产交易过程中采用的价格；重置成本不仅包括该项资产的自身购建价格，还包括运杂费、安装调试费等。

（3）市场法的运用与原始成本没有直接联系，重置成本法中某些计算要利用被评估资产原始成本的市场交易资料。

（4）重置成本法是按全新资产的购建成本扣除被评估资产的各项损耗（或贬值）后确定评估价值；市场法按参照物价格及对被评估资产与参照物的各项差异进行调整来确定评估价值。

由上可见，不同方法有着不同的评估思路和操作程序。

（二）评估效率各有不同

市场常常会存在一定的缺陷，评估条件和各个方法的自身特点决定了各种方法的评估效率不同。收益法的计算结果较为准确，易被评估双方接受。但是，该方法只适用于有收益或潜在收益的资产类型，评估范围有限，并且难以确定贴现率、资本化率和收益率，这在一定程度上影响了评估的效率。重置成本法应用范围较广，可操作性强，比较全面地考虑了多种因素的影响。因此，相对应的工作量较大，对评估效率具有一定的负面影响。市场法的评估结论反映了被评估资产的现时价值，准确性较高，计算难度较低。但是，该方法寻找所需相关数据资料以及被评估资产的参照物的难度较高，直接影响了评估效率的高低。

（三）相互关联且内在相关

各种资产评估方法之间是相互关联、内在相关且不可分割的，其共同目标是获得可靠的评估价值。成本和市场销售数据的分析通常是收益法运用中不可缺少的部分。市场法中分析和调整参照资产价格与被评估资产价格的差异因素，会用到折现和本金化的方法。在重置成本法中求功能性贬值等也要用到折现和本金化方法。一般重置成本法、收益法的运用都是建立在现行市价的基础之上的，只是不如市场法表现得那么直接。

拓展阅读 3-2
资产评估执业准则——资产评估方法

扫描此码　深度学习

总体来说，资产评估的目的决定评估对象和评估范围；评估目的、评估对象决定评估价值类型；评估目的、评估对象、价值类型、资料收集情况决定评估方法；评估目的、评估对象、价值类型、评估方法决定评估假设；而评估目的、评估对象、价值类型、评估方法、评估假设决定评估结果。

二、资产评估方法的选择

从理论上讲，在相对完善的市场经济条件下，资产评估方法存在多样性和可选择性。如果不存在资产的购建成本与效用严重不对称的情况，运用三种方法评估同一资产的公允市价，其评估结果不应存在太大差异。对于特定经济行为，在相同的市场条件下，对处在相同状态下的同一资产进行评估，其评估值应该是客观的。这个客观的评估值不会因评估人员所选用的评估方法的不同而出现截然不同的结果。因此，在进行较重要或较大资产价值评估时应采用不同评估方法相互验证。

在现实实践中，由于评估时某些方法的应用前提不具备、某些支撑评估结果的信息依据出现失真、评估师的职业判断有误、分析过程有缺陷以及评估对象自身的不同特点等，都会导致不同评估方法评估同一资产的评估结果出现较大差异。为使评估值更具科学性，不同资产评估业务应选择最适合的评估方法。一般而言，在选择评估方法时应考虑以下三个因素。

（1）资产评估方法的选择必须与资产评估价值类型相适应。资产评估价值类型与资产评估方法是两个不同层次的概念。资产评估价值类型是说明“评什么”，是资产评估价值质的规定，具有排他性，对资产评估方法具有约束性；资产评估方法是说明“如何评”，是资产评估价值量的确定，具有多样性和替代性，并服务于评估价值类型。价值类型的准确性、评估方法的科学性及两者是否匹配都是资产评估结果科学、有效的保证。

（2）资产评估方法必须与评估对象相适应。如一般单项资产评估无法有效应用收益法，而整体资产评估最适合用收益法；通用资产评估可用市场法，但专用资产由于缺乏公开市场售卖条件无法应用市场法；无形资产最适合的评估方法是收益法等。

（3）评估方法的选择还受到可搜集数据和信息资料的制约。如市场法要求产权市场活跃、资产具有通用性，评估时易于获得参照物及其与被评估资产可比较的指标、技术参数等资料。又如，收益法要求被评估资产拥有未来可预期用货币表示的收益，且资产的风险报酬率也能够计算。相对来说，由于成本法的约束条件较少，对市场和被评估对象没有严格的前提条件，所以在市场发育不全面、企业亏损或微利时都可采用这一方法进行评估。

为提高评估结果的准确性，可以选用多种方法相配合以互相验证，从而弥补某一方法的局限性。当采用两种或两种以上的方法评估一项资产得出不同的结论时，一般不能把评估结果进行简单平均，而应根据评估价值类型及评估结果对市场的适用性，判断并选择一种评估结果作为最终评估结论。

课后练习题

一、在线测试题

【在线测试题】
扫描书背面的二维码，获取答题权限。

扫描此码

在线自测

二、简答题

1. 简述收益法、重置成本法和市场法三种评估方法的基本原理。

2. 简述如何进行资产评估方法的选择。

3. 简述收益法、重置成本法和市场法三种评估方法应用的前提条件。

4. 简述收益法、重置成本法和市场法三种评估方法的适用性。

5. 简述市场法的优缺点。

三、计算题

1. 某台机床需评估。企业提供的购建成本资料如下：该设备采购价 5 万元，运输费 0.1 万元，安装费 0.3 万元，调试费 0.1 万元，已服役 2 年。经市场调查得知，该机床在市场上仍很流行，且价格上升了 20%；铁路运价近两年提高了 1 倍，安装的材料和工费上涨幅度加权计算为 40%，调试费用上涨了 15%。试评估该机床原地续用的重置全价。

2. 某评估机构采用统计分析法对一企业的固定资产进行评估。其中，砖混结构建筑物 10 栋，账面原值 500 万元；设备 100 台，账面原值 1 000 万元。评估中对 3 栋具有代表性的建筑物进行估算，其重置成本为 180 万元，而该 3 栋建筑物的账面原值为 165 万元；同时选择 10 台具有代表性的设备进行了评估，其重置成本为 150 万元，而这 10 台设备的账面原值为 120 万元；那么该企业被评估建筑物及设备的重置成本是多少万元？

3. 被评估资产的账面原值为 270 万元，账面价值为 118 万元，按照财务制度的规定，该资产折旧年限为 35 年，已计提折旧年限为 20 年，经调查分析确定，按照现市场材料价格和工资水平，重新建造相同构造的资产需要花费 300 万元，运输费用是 100 万元，安装费用支出为 80 万元，其他费用可忽略不计。查询原始资料和企业记录得知，该资产截至评估基准日的法定利用时间为 57 600 小时，实际累计利用时间为 50 400 小时，经专业人员勘查估算，该资产还能使用 8 年，又已知该资产由于设计不合理，造成耗电量大，维修费用高，与现在同类标准资产相比，每年多支出营运成本 3 万元，所得税率是 33%，假定折现率为 10%，运用成本法计算评估值。

4. 某被评估实验室设备已投入使用 5 年，按设计标准，在 5 年内应正常工作 14 600 小时。由于实验室利用率低，如果按一年 365 天计算，在过去的 5 年内平均每天只工作 4 小时。经专家分析，若按过去 5 年的实际利用率预测，自评估基准日起该设备尚可使用 15 年，若不考虑其他因素，请评估该设备的成新率。

第二篇　资产评估实务

第四章
机器设备评估

学习目标

通过本章学习，应该能够：

明确机器设备评估的特点；

熟练使用重置成本法评估机器设备；

熟练使用市场法及收益法评估机器设备。

思政导读

核查验证是资产评估程序中的重要环节，也是资产评估工作的重要手段。资产评估结论是否可靠，在很大程度上依赖于资产评估专业人员收集到的资料是否真实、准确和完整，但是资产评估专业人员在核查验证中遇到的问题却越来越复杂，所以有必要制定专门的专家指引。评估机构执行资产评估业务，可以参照专家指引，也可以根据具体情况采用其他适当的做法。中国资产评估协会将根据业务发展，对专家指引不断进行更新。

2020 年中国资产评估协会制定的《资产评估专家指引第 8 号——资产评估中的核查验证》中指出，对机器设备评估中所涉及的证明资料主要包括：机动车登记证、船舶所有权证书、船舶国籍证书；外购机器设备的购置合同、购置发票、付款凭据、进口设备报关单；自制机器设备主要材料以及外购件的采购合同和发票、竣工决算资料；融资租赁设备的融资租赁合同、发票；由法院判决形成的设备资产的法院判决书、资产交接单；抵（质）押机器设备的抵（质）押合同、抵（质）押登记证书；国有资产划转材料、调拨单。资产评估专业人员采用书面审查的方式核查上述权属证明资料的，应当查阅并核对权属证明资料的原件、复印件是否一致；如果权属证明资料原件留存于他处，资产评估专业人员可以向原件留存方查询或者函证；资产评估专业人员根据需要要求产权持有人到相关权属主管部门配合查询评估对象法律权属登记情况；对于重要设备的购买合同、发票（及报关单、装箱单等）、竣工决算资料等，资产评估专业人员根据经济行为特点、产权持有人信用情况以及重要性原则，自行判断是否采取其他延伸核查方式。对权属资料不完备、毁损、丢失等瑕疵事项，以及资产评估专业人员根据重要性原则应当收集但未能取得的相关权属资料，可以要求产权持有人提供产权归属承诺，并在评估报告中披露相关事项。

（资料来源：中国资产评估协会，《资产评估专家指引第 8 号——资产评估中的核查验证》，2020.1，http：//www.cas.org.cn/gztz/61935.htm.）

随着我国经济不断发展，机器设备作为制造业的支撑发挥着重要作用，机器设备评估也为经济发展提供了技术保障，本章将为大家讲解机器设备评估的具体操作路径。

第一节　机器设备评估概述

所谓机器设备，是指人类利用机械原理以及其他科学原理制造的装置，它们是被特定主体拥有或控制的不动产以外的有形资产，包括机器、仪器、器械、装置以及附属的特殊建筑物等。相较于自然科学中的机器设备概念，资产评估中的机器设备概念更加广泛，不仅包含自然科学中定义的根据机械原理制造的装置，还包含电器设备、电子设备等由声、光、电技术制造而成的有形资产。

机器设备是固定资产的重要组成部分，固定资产因占据企业总体资产的较大比重，所以在企业的资产评估中，机器设备评估是其重要的组成部分之一。机器设备评估是指评估师以相关法律、法规和资产评估准则为依据，对单独的机器设备或者作为企业资产组成部分的机器设备的价值进行分析、估算并发表专业意见的行为和过程。

一、机器设备的分类

由于机器设备之间功能、特点各异，种类繁杂，根据不同的分类标准，可将其进行规范化区分，从而为机器设备评估奠定基础。机器设备主要有以下四种分类方式。

（一）根据固定资产分类标准分类

根据国家技术监督局在 1994 年 1 月 24 日公开颁发的《固定资产分类标准与代码》（GB/T 14885—94），我国现行的机器设备分类包括：①通用设备；②专用设备；③交通运输设备；④电器设备；⑤电子及通信设备；⑥仪器仪表、计量标准器具及量具、衡器。

其中，通用设备是指设备性能和工艺特点、结构基本相同，各工业部门都需用的带有通用性质的设备，如起重设备、输送设备、原动机等。专用设备是指设备的结构、性能适用于某一行业或特定产品专用的工业设备，如农业、林业、渔业、医疗、航空、化工、橡胶等各类行业的专用设备。这类设备在企业机器设备中占较大比重，行业特点显著，技术要求各异，很大程度上影响了企业生产效率和产品的质量。

（二）根据现行会计标准规定分类

我国现行财会制度按固定资产的使用特性，将机器设备分为六种类型。

1. 生产经营用机器设备

生产经营用机器设备是指直接进行生产经营服务的机器设备，包括生产工艺设备、辅助生产设备、动力能源设备等。

2. 非生产经营用机器设备

非生产经营用机器设备是指在企业所属的福利部门、教育部门等非生产部门使用的设备。

3. 租出机器设备

租出机器设备是指企业出租给其他单位使用的机器设备。

4. 未使用机器设备

未使用机器设备是指企业尚未投入使用的新设备、库存的正常周转用设备、正在修理改造尚未投入使用的机器设备等。

5. 不需用机器设备

不需用机器设备是指已不适合本单位使用的待处理机器设备。

6. 融资租入机器设备

融资租入机器设备是指企业以融资租赁方式使用的机器设备。

（三）根据机器设备的组合程度分类

1. 单台设备

单台设备是指以单台形式进行售卖或可独立发挥作用的机器设备，每台设备之间不存在某种有机联系。例如，一台不用拟出售的闲置铣床、一台独立使用的锅炉。

2. 机组

机组是指由几种不同的机器组成的一组机械，能共同完成一项工作。例如，汽轮发电机组是由发电机和其他设备共同组成。

3. 成套设备

成套设备是指由若干机器设备组合而成的生产装置，具有独立的生产能力和一定的收益能力。

4. 生产线

生产线是指将一组机床（或其他工艺设备）和辅助设备，按照工艺顺序联结起来，完成产品全部或部分制造工程的生产系统。

单台设备、机组、成套设备和生产线产生的效益由于其生产能力存在差异而不同。机器设备组合的价值不一定等于单台机器设备价值的简单相加。

（四）根据机器设备的来源分类

机器设备按照来源可分为自制设备和外购设备两种。自制设备是指企业自主制造的机器设备。外购设备是指企业通过市场交易购买的机器设备，具有国内购置和国外引进两种购买形式。

为了资产评估工作的顺利进行，资产评估人员应该了解机器设备分类的相关知识，以便能够针对不同对象的所属类别，迅速收集、查询有关资料和信息。

二、机器设备的特点

（1）机器设备属于固定资产，具有固定资产单位价值高、流动性差和使用寿命长的特点。相应地，投入资金多，回收周期长。这就要求评估人员在对机器设备进行评估时，尽可能地充分认识其可能存在的风险和功能的适用范围。

（2）机器设备的实物在其报废更新前的相当长一段时间不会改变，但是由于不断使用会带来损耗，故对机器设备在会计准则下计提折旧进行价值补偿。因此，价值补偿和实物更新并不在同一时间进行。在评估时，不能仅依靠设备的价值转移确定成新率，还要把设备的补偿和使用情况考虑在内，通过专业的技术检测来确定其损耗情况。对于实物成新程度较高的机器设备，如果它具有高能耗、低效能、污染大的属性，则必须按照政策的具体规定，进行低价处理甚至报废处理。

（3）机器设备的价值和使用价值不是一成不变的，贬值和增值的发生具有同时性，对此要进行充分的技术经济分析。在机器设备的使用过程中，会产生由于有形磨损而形成的实体性贬值、由于科技水平提高而形成的功能性贬值，以及由于经济环境变化而形成的经济性贬值。另外，如果对机器设备的功能进行技术改进，还能够实现其价值增值。

（4）机器设备是有形的固定资产，分布广，情况复杂，具有动产的可移动属性。对于动产，“能动”为其基本特点，其容易移动位置且价值不会因移动而受影响。相比于房地产，机器设备的评估值高低与其所处地理位置没有直接联系。此外，有别于流动资产的售卖变现，机器设备的用途是进行生产经营活动。

三、机器设备评估的特点

（1）由于机器设备部分属于动产，部分属于不动产或介于中间，所以机器设备评估以单台、单件为对象，以保证评估的准确性和真实性。机器设备一般是单项资产，即不具有整体获利能力，所以其具有单项独立评估的特点。这个特点主要反映在两个方面：一方面，由于机器设备在功能和实体上都具有较强的独立性特征，客观上为机器设备作为单项独立评估对象提供了可能；另一方面，由于机器设备的功能、使用条件、使用时间和现实状况千差万别，尤其是带有很强行业特性的专用设备差别更大。因此，为了保证评估的准确性，如实反映被评估机器设备的公允价格，客观上要求把机器设备作为单项独立评估对象进行评估。

对机器设备的评估，往往要求评估人员具备必要的相关工程技术知识，在特殊情况下，还要聘请有关专家共同评估。另外，由于机器设备的使用时间长、功能变化大、新旧程度不一，即便是功能完全相同、同时购建的设备，因使用情况、使用环境和维修保养情况等差异，也会导致现实价值和价格出现较大的差异，因而一般应分别独立评估。

（2）以技术检测为基础，逐台鉴定贬值。除了实体性贬值，机器设备还存在功能性贬值和经济性贬值。机器设备评估是一项工作量较大的评估工作，这是因为任何一台机器设备的现实价值和价格都受到了众多因素的影响，涉及面十分广泛。由于机器设备使用时间长、多次反复进入生产过程，其使用价值和价值随着时间推移都在不断发生变化。因此，影响机器设备价值的因素自然就十分复杂。

从使用价值方面讲，由于物理性能、磨损程度在长期使用中不可避免地发生变化，尤其使用、维修情况不同，必然会影响对机器设备的尚可使用年限和成新率的估算，以至于机器设备的尚可使用年限、成新率往往需要通过工程检测手段来确定。

从价值方面讲，由于科学技术的不断进步，功能价格比更高的同类机器设备不断出现，人们可以花较少的钱购建更先进的机器设备，这样自然导致被评估机器设备现时价值的贬值。

除此之外，在机器设备使用过程中如对其进行技术改造，就会提高性能、增加经济效益，加之受社会物价上涨等因素的影响，都会导致被评估机器设备的现时价值和价格上升。总之，对机器设备进行评估，必须考虑各种因素对它们的综合影响，要充分搜集有关价格资料，了解和掌握市场信息，对待评估资产的技术性能进行实际测试鉴定。正是由于机器设备的单位价值大，影响因素复杂，工作量繁杂，该类资产往往是企业资产评估的重点与难点。

（3）必须把握机器设备的价值特点，其评估值不仅仅是单台设备的简单相加。机器设备评估因不同的评估目的而适用于不同的价值类型，这就决定了评估途径和方法的不同，因而评估值的差异也会相当大。如按成本途径评估资产的原地续用价格，应为维持资产在用状态所发生的一切成本，即除资产的购置费外，还需计入运杂费、安装费、配套费、调试费等购建过程中的全部费用，而所添加的运杂费等附加费用可能会大大高于资产的采购价从而使评估值较高；当单项资产转让时，评估资产的变现净值，不仅不能计入资产购建时的附加费，而且还要把拆迁、运输、销售等各项费用扣除掉。显然，在数额上变现净值要大大低于重置净值。

（4）通常采用成本法和市场法，多种评估方法可以并用。由于机器设备专用性强，变现市场交易并不十分活跃，因而变现风险较大，而通过成本途径评估原地续用价格时，就不包括变现风险折扣因素。

四、机器设备评估的基本程序

（一）评估准备阶段

（1）明确评估目的、评估对象、评估范围以及评估结果的用途等基本事项。通常机器设备评估的目的是整体企业价值评估、设立公司、企业合伙关系或婚姻解体、抵押、保险、破产清算、资产出售等。在该阶段，需要根据机器设备的评估目的来选择相匹配的评估方法，要按照机器设备的未来用途明确评估假设。

（2）指导引领委托方做好机器设备评估的基础工作，具体包括填写机器设备评估的申报明细表和被评估机器设备的清算盘点表，以及收集汇总机器设备相关的经济技术资料和产权信息等内容。

（3）分析研究委托方提供的被评估资产清册及相关表格，从而明确评估重点和清查重点，列出需要的评估资料清单。这些资料具体包含以下五类：

①产权资料，即有关资产使用权和所有权的证明文件或者合同。

②财务资料，即购建资产、维修故障时的支付凭证，计提折旧的会计凭证等会计和财务资料。

③经济技术资料，即购建资产时的设计图样、施工安排、竣工预算以及生产过程中有关功能状况、生产精度、故障率、设备维护等资料。

④抵押、保险和租赁资料。被保险的机器设备评估值高于未被保险的机器设备。对于被抵押的被评估机器设备要衡量抵押企业的诚信履约能力。

⑤其他资料。

（4）广泛搜集与本次评估有关的数据资料，并对这些资料的相关性、完整性、可靠性和参考价值进行考察，再对其进行筛选整理和汇总储存。之后，制定评估方案，落实人员安排。

（二）现场勘察阶段

1. 逐台清查核实

评估人员和企业人员一起对评估对象进行逐台（件）清查核实，保证评估对象的真实性和可靠性。清查方法具体有三类：①普查法；②典型清查法；③抽样清查法。

2. 分类

评估人员在企业人员配合下，根据评估重点或人员安排将设备进行必要的分类。

3. 机器设备的鉴定

机器设备的鉴定作为现场工作的重点，对评估人员的专业水平要求较高，必要时应聘请相关专家进行检测、鉴定。鉴定内容主要包括以下四个方面：

（1）对设备技术水平的鉴定，是指评定机器设备的技术参数、技术指标等。

（2）对设备使用情况的鉴定，是指检测机器设备的使用效率、故障程度等。

（3）对设备质量的鉴定，是指评定机器设备的产品质量及其对生产过程的影响等。

（4）对设备磨损程度的鉴定，是指检测机器设备的损耗状况、破损程度等。

（三）评定估算阶段

（1）根据被评估机器设备的评估目的、价值类型、相关资料以及评估条件，选择确定适宜的评估方法。

（2）阅读相关报告，如可行性研究报告、技术改造报告、预算报告、设计报告、竣工报告、重大设备运行和检查记录等，从而加强对被评估设备的了解。

（3）查找翻阅相关法律法规，在评估过程中要注意这些法律法规的影响。

（4）单独处理产权受到某种限制的设备，即存在抵押、租赁、担保情况的设备。

（5）重点关注与无形资产、房屋建筑物等界限模糊的机器设备，及时和其他专业资产评估人员进行讨论交流，避免重评和漏评。

（6）确定恰当的方法来估算机器设备的评估值。

（7）根据评估目的及评估用途调整评估结果。

（四）撰写评估报告及评估说明阶段

评估报告及评估说明的撰写要依照相关部门和行业管理机构对评估报告的具体要求来开展，整理工作底稿。与此同时，要及时与委托方进行充分交流和沟通。

（五）评估报告的审核和报送阶段

评估报告的审核是一项重要工作，共包括三个层级的审核，具体有项目负责方的审核、专人的复核和评估机构负责人的审核。经过三级审核后，才进入评估报告的报送阶段，递交给委托人和相关部门。

第二节　机器设备评估的重置成本法

一、机器设备重置成本的概念

在机器设备评估中，重置成本法是被应用最广泛的基本方法，它是通过测算机器设备的重置成本和各种损耗，用重置成本扣减各种损耗作为机器设备的评估值。这些损耗具体包括实体性贬值、功能性贬值和经济性贬值。重置成本法的数学表达公式具有以下三种形式：

$$评估值=重置成本-有形损耗-功能性损耗-经济性损耗$$

$$评估值=重置成本\times成新率-功能性损耗-经济性损耗$$

$$评估值=重置成本\times综合成新率$$

机器设备的重置成本有两类，分别为更新重置成本和复原重置成本。更新重置成本是指根据现行标准、现行设计和现行工艺水平，以现时价格购建与被评估机器设备类似或者功能相同的全新机器设备所需要的费用。复原重置成本是指采用与被评估机器设备相同的材料、设计、规格及工艺水平等，以现时价格水平重新购建与被评估机器设备相同的全新机器设备所发生的费用。

二、机器设备重置成本的构成与计算

（一）机器设备的重置成本构成

机器设备的重置成本在构成上包括机器设备的直接费用和间接费用。机器设备的直接费用是指机器设备的购置费用、运杂费、安装费、调试费、基础费以及进口设备的关税、增值税、银行手续费等。机器设备的间接费用是指在购建过程中支出的各种管理费用和培训费用，包括建设单位管理费、建设单位临时实施费、工程监理费、研究实验费、勘察设计费、工程保险费、引进技术和进口设备其他费用等。

从机器设备的来源角度进行划分，可将机器设备分为自制设备、国产外购设备和进口外购设备。机器设备不同的来源对其重置成本的构成具有直接的影响。因此，机器设备的种类不同，重置成本的构成内容也随之改变。具体而言，不同种类的机器设备重置成本构成如下：

1. 自制设备重置成本的构成内容

自制设备的重置成本主要包括：制造成本和相配比的期间费用（如财务费用和管理费用）、合理制造利润、安装调试费用、其他必要的合理费用如设计费等。

2. 国产外购设备重置成本的构成内容

国产外购设备是指企业购置的由国内生产厂家制造的各种通用设备及专用设备。该类设备在企业的机器设备中占的比重最大，是机器设备评估中最主要的内容。对该类设备重置成本的估测应根据不同的情况采取相应的方法。其重置成本构成中除了现行购置成本外，一般还需考虑设备运杂费（采购、运输、保管、装卸费用等）、设备基础费、建设单位管理费和安装调试费等。

其中，测算设备现时购置成本一般采用下列方式：①对于能够取得设备现行购置价格或建造成本的机器设备，可采取市场询价的方法确定被评估机器设备的重置成本；②对于无法取得设备现行购置价格或建造费用的设备，可采用功能系数法估测重置成本；③对于无法取得设备现行购置价格或建造成本，也无法取得同类设备重置成本的，可采用物价指数法估测被评估机器设备的重置成本。

3. 进口设备重置成本的构成内容

国外进口设备是指企业购置的由国外生产厂家制造的各种通用设备及专用设备。重置成本的构成除了外购设备中提及的购置成本、境内运杂费及其他附属费用外，还包含境外运杂费、境外保险费、进口关税、增值说、银行手续费等。其可用公式表示为

进口设备重置成本＝现行国际市场离岸价（FOB）＋境外途中保险费＋境外运杂费＋进口关税＋增值税＋银行及其他手续费＋国内运杂费＋安装调试费

由于在实际计算中，各项费用指标的寻找受到现实条件的制约。因此，要根据实际情况对机器设备的重置成本进行具体分析。

（1）可查询到进口设备现行离岸价（FOB）或到岸价（CIF），按以下公式计算：

重置成本 =（FOB+ 途中保险费 + 国外运杂费）× 现行外汇汇率 + 进口关税 + 增值税 + 银行及其他手续费 + 国内运杂费 + 安装调试费

或

重置成本 =CIF× 现行外汇汇率 + 进口关税 + 增值税 + 银行及其他手续费 + 国内运杂费 + 安装调试费

（2）无法寻找进口设备的现行 FOB 价格或 CIF 价格的，若可以取得国外替代产品的现行 FOB 价格或 CIF 价格的，可采用功能系数法或市场法来估测被评估机器设备的重置成本。

（二）机器设备重置成本的计算

重置成本的测算有四种常用的方法：①直接核算法；②功能系数法；③物价指数法；④统计分析方法。在进行机器设备评估时，计算重置成本时具体运用哪种方法，要根据被评估设备的具体情况进行判断和选择。

若被评估设备目前仍处于生产和销售阶段，应以当前市场价为基础，再加上运杂费和安装调试费，即采用直接法计算其重置成本。若被评估设备的现行购置价或建造费用无法直接取得，但是能够寻找到现有类似设备的市场价、建造费用，那么可以采用功能成本法对设备的更新重置成本进行计算。若不仅被评估设备的现行购置价或建造成本难以直接取得，而且同类设备的购置价或建造成本也难以直接取得，此时可以运用物价指数调整法计算其复原重置成本。若被评估设备数量众多并且易于分类进行数据处理，可考虑使用统计分析方法来计算其重置成本。

结合上述具体的计算方法，下面分别对不同来源的机器设备（即自制设备、国产外购设备和进口设备）的重置成本进行计算。

1. 自制设备重置成本计算举例

【例 4-1】某企业要评估一台自制设备。如果按照现时工艺水平制造一台功能相同的机器设备，第一种主材料使用了 10 吨，当前单价为 1.2 万元 / 吨。第二种主材料使用了 4 吨，当前单价为 0.5 万元 / 吨。其他辅助材料的当前价格总计 1.8 万元。制造该设备需要 10 人工作 20 天，每天工作时长 8 小时，当前人工费率 5 元 / 小时，其他间接费用计为总人工费的 30%，制造利润率为 15%，设计费等其他相关费用计为制造材料总价的 6%，请计算被评估设备的重置成本。

分析：因为制造被评估设备的现时工艺水平资料和相关的费用指标可以获得，故用更新重置成本评估更加合适。该企业这台自制设备的重置成本构成为材料费、人工费、其他间接费用、合理制造利润和设计费等其他相关费用。

解：

材料费 = 第一种材料费 + 第二种材料费 + 其他辅助材料

=10×1.2+4×0.5+1.8=15.8（万元）

人工费 =10×20×8×5=0.8（万元）

其他间接费用 = 人工费 ×30%=0.8×30%=0.24（万元）

设计费等 = 材料费 ×6%=15.8×6%=0.948（万元）

合理的制造利润 =（材料费 + 人工费 + 其他间接费用 + 设计费等）×15%

=（15.8+0.8+0.24+0.948）×15%=2.668（万元）

综上，该自制设备的重置成本 =15.8+0.8+0.24+0.948+2.668≈20.46（万元）。

2. 国产外购设备重置成本计算举例

【例 4-2】某企业一台铣床需要重估。企业提供的该铣床的购建成本资料如下：该设备采购价 5 万元，运输费 0.1 万元，安装费 0.4 万元，调试费 0.1 万元，已服役 2 年。试评估该机床原地续用的重置全价。

经市场调查得知，该机床价格上升了 20%；铁路运价近两年提高了 1 倍，安装的材料和工费上涨幅度加权计算为 40%，调试费用上涨了 15%。

分析：该机床服役期限仅 2 年，技术条件变化不大，故用复原重置成本评估较现实。

解：

机床采购重置全价 =5×（1+20%）=6（万元）

运杂费重估价 =0.1×2=0.2（万元）

安装费重估价 =0.4×（1+40%）=0.56（万元）

调试费重估价 =0.1×（1+15%）=0.115（万元）

该机床原地续用的重置全价为：6+（0.2+0.56+0.115）=6.88（万元）

3. 进口设备重置成本计算举例

【例 4-3】某企业 2013 年评估一台 2008 年的进口设备，原进口合同中 CIF 价为 30 万美元，当时外汇汇率为 1 美元 =6.7 元人民币，由原会计资料可知，该设备原始入账价值是 225 万元人民币。据资料获知，设备生产国的设备价格为年增率 4%，评估基准日 1 美元 =6.1 元人民币，国内物价指数为 110%，则 2015 年的这台进口设备重置成本是多少万元？

解：

设备重置成本 =30×（1+4%）^{5}×6.1=222.65（万元）

其他费用 =225−30×6.7=24（万元）

其他费用现值 =24×110%=26.4（万元）

重置成本合计：222.65+26.4=249.05（万元）

三、机器设备实体性贬值及其测算

实体性贬值亦称有形损耗。机器设备的实体性贬值主要取决于两种类型的有形磨损。其中，第一种有形磨损是指在使用过程中，由于零部件受到摩擦、冲击、振动或交变载荷的作用，使得零件或部件产生磨损、疲劳等破坏；第二种有形磨损是指设备在闲置过程中，由于受自然界中的有害气体、雨水、射线、高温、低温等侵蚀，出现腐蚀、老化、生锈等现象。机器设备的实体性贬值与成新率是同一事物相对的两面，即

成新率＋有形损耗率 =1

一般情况下，可以采用观察分析法、使用年限法和修复费用法对机器设备的成新率进行测算。

（一）运用观察分析法估算设备成新率

观察分析法是指具有丰富经验和专业素养的评估专家根据对被评估设备的现场观察和技术鉴定，再结合对机器设备实际使用时间、使用强度、原始制造质量、技术改造情况等多角度的观测，获得该设备的经济技术参数，进而估算被评估设备成新率的一种方法。该方法的具体操作方式有两种类型，具体包括直接观测法和打分法。

1. 直接观测法

直接观测法是按照成新率评估参考标准的不同档次，对被评估机器设备的实际状态进行分析，经过专业人员的判断后直接确定其成新率。该方法简单方便、可操作性强，主观性相对较高，比较适用于单位价值较小、技术性较低、评估数量较多的机器设备评估。具体的机器设备成新率评估参考标准如表 4-1 所示。

表 4-1 机器设备成新率评估参考表

类　别	新旧情况	机器设备状态参考说明	成新率
1	全新设备	全新或使用时间很短的设备，质量合格，性能良好，可保证按照原本的设计要求正常投入使用的设备	100% ～ 90%
2	较新设备	已使用 1 年以上的设备，或者经过一次大修后恢复到原设计性能不久，能保持正常使用状态，且故障率低的设备	89% ～ 65%
3	半新设备	已使用 2 年以上的设备，或者大修后使用了一段时间，仍能满足生产工艺要求、维持原设计性能，可以保证正常使用的设备	64% ～ 40%
4	老旧设备	已使用较长时间，或者已超过正常使用年限，但技术状况尚可，能够维系使用；抑或在较大故障修复完成后性能有所下降，但仍能维持安全使用的设备	39% ～ 15%
5	报废设备	已经停用且没有修复意义，或者性能严重劣化，难以维系正常使用，处于报废状态，有待更新的设备	14% ～ 0

其中，对被评估机器设备需要注意观察分析的指标包括：①机器设备的原始制造质量；②机器设备的累计工作量或实际已使用时间；③机器设备的技术改造情况及维修保养状况；④机器设备的正常负荷率；⑤机器设备的重大故障情况及大修理经历；⑥机器设备的完整性；⑦机器设备的工作条件及作业环境等。

2. 打分法

打分法亦称分部分鉴定法，是指对机器设备的构成部分进行分项处理，按照各项的价值比重或贡献程度确定分值（满分 100），然后通过对机器设备各部分实际情况的技术检测和鉴定，采用打分的方式来确定被评估机器设备的成新率。该方法的优势在于一定程度上克服了主观随意性，使单项设备成新率的确定实现量化，也更加科学合理。

（二）运用使用年限法估算设备成新率

机器设备实体性贬值大小受到多方面因素的影响，如设备的使用强度、使用时间及闲置时间的长短等。因此，可以通过使用年限法来测算机器设备的有形损耗，该方法假设机器设备的实体性贬值与使用时间呈线性递增关系。使用年限法计算机器设备成新率的公式可表示为下式：

$$成新率=\frac{设备的尚可使用年限}{设备已使用年限+设备尚可使用年限}\times 100\%$$

或者

$$成新率=\frac{设备总使用年限-设备已使用年限}{设备总使用年限}\times 100\%$$

其中，需要了解三个基本参数，机器设备的总使用年限、已使用年限和尚可使用年限。

1. 机器设备的总使用年限

设备的总使用年限即设备的使用寿命，通常可分为物理寿命、技术寿命和经济寿命三大类。物理寿命是指机器设备从开始投入使用到因物理磨损而无法修理至报废所经历的时间。技术寿命是指机器设备能在市场上维持价值而不显陈旧落后的时间过程，即机器设备从开始使用到因技术过时而被淘汰所经历的时间过程，这很大程度上取决于社会技术的进步和技术更新的速度和周期。经济寿命是指机器设备从开始使用到经济上不合算（维持机器设备的继续使用的维修费用大于继续使用带来的收益）而停止使用所经历的时间，即机器设备使用中总费用最低的使用年限。经济寿命与机器设备本身的物理性能及物理寿命、技术进步速度、机器设备使用的外部环境的变化等都有直接的联系。

要合理地确定机器设备的总使用年限，必须从机器设备的物理寿命、技术寿命和经济寿命三个方面加以综合考虑。目前技术进步异常迅速，一般经济寿命低于物理寿命，所以国际上资产评估行业普遍采用的方法是首选机器设备的经济寿命作为其总使用年限。

2. 机器设备的已使用年限

机器设备的已使用年限是指实际已使用年限，而非名义已使用年限。换句话说，机器设备的已使用年限是指从开始使用到评估基准日所经历的时间，而不是机器设备从购入到评估基准日的日历时间。例如，一台设备买回来后连包装都未拆开搁置了两年就到了评估基准日，那么此台设备的实际已使用年限为零。又如，某设备购买回来以后立即投入使用，但因该企业是季节性生产，只使用半年的时间，另外半年闲置。那么两年后进行设备评估时，实际已使用年限只能按照一年计算。

要注意机器设备的已使用年限与会计上的折旧年限是不同的，会计上的折旧年限是根据国家法规和会计制度计提的折旧时间长度，涉及企业承受能力和国家税收政策等因素的考量，因此其并不能作为机器设备的实际已使用年限进行成新率的计算。只有会计上的折旧年限与设备的现实磨损情况及评估思路相符合时，才能将会计中的已使用年限作为实际已使用年限。实际上，测算机器设备的实际已使用年限通常是根据设备运行使用的记录资料，再结合对设备维修经历、设备保养状况的考量，根据现实情况加以确定。

3. 机器设备的尚可使用年限

机器设备的尚可使用年限是指根据资产的有形损耗和能够预见的各项无形损耗，估测到的其继续使用的年限。换句话说，就是在设备现有状态的基础上，让它维持正常的运行强度和运行频次，估测该设备的剩余使用寿命。

机器设备的尚可使用年限理应通过专业的技术检测和鉴定才能确定，但囿于现实中对逐台设备进行技术检测和鉴定的难度过大，所以，一般而言，将设备的总使用年限扣减设备的实际已使用年限就可以获得该设备的尚可使用年限。面对旧设备的使用时间超出规定总使用年限的情况，评估人员或者专家可以根据过往的经验以及机器设备的实际情况直接估测该设备的尚可使用年限。但是，如果评估设备属于国家文件中明确规定的禁止超期使用且限期淘汰的设备，那么不论设备的现时技术状态如何，该设备的尚可使用年限都不能超过国家规定中禁止使用的日期。

机器设备有可能一次性完成投资，但是有时机器设备的投资也存在分次完成、技术更新改造和追加投资等情况，此时可以运用综合年限法计算加权投资年限、加权更新成本和综合成新率。

利用综合年限法估算机器设备的成新率可以依据下列公式：

$$\text{成新率}=\frac{\text{尚可使用年限}}{\text{加权投资年限}+\text{尚可使用年限}}\times 100\%$$

其中

$$\text{加权投资年限}=\frac{\sum(\text{加权更新成本})}{\sum(\text{更新成本})}$$

$$\text{加权更新成本}=\text{已使用年限}\times\text{更新成本}$$

【例 4-4】某企业对一台设备进行评估，已知该设备于 2010 年购入，账面原值为 30 000 元，2015 年和 2017 年进行两次技术更新改造，当年投资分别为 3 000 元和 2 000 元，2020 年对该设备进行评估，经查询，从 2010 年至 2020 年通货膨胀率为 10%，该设备的尚可使用年限经检测和鉴定为 7 年，试估算设备的成新率。

解：

（1）调整计算现时成本，如表 4-2 所示。

表 4-2　调整计算现时成本

投资年份	原始投资额（元）	价格变动系数	现行成本（元）
2010	30 000	2.6	78 000
2015	3 000	1.61	4 830
2017	2 000	1.33	2 660
合计	35 000		85 490

（2）计算加权更新成本，如表 4-3 所示。

表 4-3　计算加权更新成本

投资年份	现行成本（元）	投资年限（年）	加权更新成本（元）
2010	78 000	10	780 000
2015	4 830	5	24 150
2017	2 660	3	7 980
合计	85 490		812 130

（3）计算加权投资年限：

$$\text{加权投资年限}=\frac{812\ 130}{85\ 490}\approx 9.5\text{（年）}$$

（4）计算成新率：

$$\text{成新率}=7\div(9.5+7)\times 100\%=42.42\%$$

（三）运用修复费用法估算设备成新率

修复费用是指包括机器设备主要零部件的更换、修复、改造、停工损失在内的一系列的费用支出。所谓修复费用法，是指利用恢复机器设备功能所支出的费用金额来直接估算机器设备实体性贬值的一种方法，即修复费用的数值取决于设备可修复部分的有形损耗。如果资产可以通过修复恢复到其全新状态，可以认为资产的实体性贬值等于其修复费用。对于可修复的实体性贬值，不仅可以通过技术修理恢复其功能，而且在经济上是合理的。相反，对于机器设备不可修复的实体性贬值，通过技术修理不能恢复其功能，或者在经济上是不划算的。因此，一般情况下，通过观察法或者使用年限法对其实体性贬值加以计算。

修复费用法具有可比性强的优点，适用于刚经过大修或更新改造以及修复费用可以衡量的设备，特别是需要定期更换易损件的机器设备，如纺织设备等。该方法主要是根据其修复的技术指标，鉴定其修复效果，审核其修复费用。之后，在核定原修复费用的基础上用物价指数法将修复费用换算为评估基准日的价值，最后计算其成新率。

机器设备的损耗可分为可修复和不可修复两种。因此，在估算设备成新率或实体性贬值率时，应区分这两种损耗。计算公式如下：

$$实体性贬值率=\frac{可修复部分实体贬值+不可修复部分实体贬值}{设备复原重置成本}$$

【例 4-5】锅炉已建成并已使用了 3 年，并预计将来还能再使用 7 年。评估人员了解到，目前其正在维修，其原因是受腐蚀，需要更换零件。整个维修计划大约需要花费 350 000 元，其中包括停止使用、清理及拆卸并更换等所造成的经济损失。复原重置成本为 2 000 000 元，估算实体性贬值率。

解：

可修复部分实体贬值：350 000（元）

不可修复部分实体贬值率：3/（7+3）×100%=30%

不可修复部分复原重置成本：2 000 000–350 000=1 650 000（元）

不可修复部分实体贬值：1 650 000×30%=495 000（元）

实体性贬值率：（350 000+495 000）÷2 000 000=42.25%

（四）计算机器设备实体性贬值（或成新率）过程中应注意的问题

在机器设备相关信息资料充分的情况下，建议同时采用多种方法估算其实体性贬值，并且对结果进行比较核对，依据孰低原则，在比较核对的基础上对机器设备的成新率加以确定。当然，在有充分依据的前提条件下，也可以应用加权平均法确定机器设备的成新率。

四、机器设备功能性贬值及其测算

（一）功能性贬值的表现形式

机器设备的功能性贬值主要是由于现时科学技术发展进步所导致的被评估机器设备相较新设备技术相对落后的价值贬值，或者是新技术、新材料、新工艺的应用造成的机器设备贬值。功能性贬值主要包括两个方面，即超额投资成本造成的功能性贬值和超额运营成本造成的功能性贬值。

1. 超额投资成本

超额投资成本亦称为一次性投资功能性贬值，是指由于制造与原功能相同设备的社会必要劳动时间减少，使被评估机器设备的制造成本下降、价值减小，即由于技术进步引起劳动生产率提高所导致的原设备价值中存在着不被社会承认的超额投资成本。

2. 超额运营成本

超额运营成本是指由于新技术的发展，使得旧设备在运营费用上高于新设备，与设备本身的任何有形损耗无关。分析研究设备的超额运营成本，应考虑下列因素：新设备的生产效率与老设备相比是否提高；维修保养费用、材料消耗、能源消耗是否下降；操作工人数量是否降低等。

（二）功能性贬值的计算方法

1. 超额投资成本形成的机器设备功能性贬值计算

超额投资成本的计算公式如下：

机器设备的超额投资成本＝复原重置成本－更新重置成本

2. 超额运营成本形成的机器设备功能性贬值计算

超额运营成本引起的功能性贬值也就是设备未来超额运营成本的折现值，其计算步骤如下：

（1）比较分析被评估机器设备的超额运营成本因素。

（2）计算年超额运营成本，即被评估设备与参照物年运营成本的差值。

计算净超额运营成本，即年超额运营成本扣减采用新设备生产所获利润应该缴纳的所得税：

年净超额运营成本＝年超额运营成本×（1－所得税税率）

（3）估测被评估设备的剩余使用年限。

确定合适的折现率，把被评估设备在剩余使用年限中每年的净超额运营成本按照折现率进行折现，现值之和即被评估设备的功能性贬值额。

（三）计算机器设备功能性贬值过程中应注意的问题

（1）对比参照物的选择，其直接影响功能性贬值的大小。一般应选择评估涉及地区范围内已普遍使用的先进设备。

（2）计算评估值时功能性贬值是否需单独计算的问题。计算功能性贬值时，如果重置成本是复原重置成本，则功能性贬值包括超额投资成本和超额运营成本。

【例 4-6】某企业评估一生产控制装置，该装置正常运行需要 6 名操作人员。目前，流行的同类新式控制装置所需的操作人员定额为 4 名。假设该被评估控制装置与参照物在运营成本的其他支出项目方面大致相同，操作人员人均年收入为 9 000 元，被评估控制装置尚可使用 3 年，所得税率为 15%，适用的折现率为 10%。试测算被评估控制装置的功能性贬值额。

解：

（1）计算被评估控制装置的年超额运营成本额：

$$(6-4)\times 9\,000=18\,000\text{（元）}$$

（2）测算被评估控制装置的年超额运营成本净额：

$$18\,000\times(1-15\%)=15\,300\text{（元）}$$

（3）将被评估控制装置在剩余使用年限内的年超额运营成本净额折现累加，估算其功能性贬值额：

$$15\,300\times(P/A,10\%,3)=15\,300\times 2.486\,9=38\,049.57\text{（元）}$$

五、机器设备经济性贬值及其测算

（一）机器设备的经济性贬值及影响因素

机器设备的经济性贬值是指由于外部因素变化引起的设备的贬值，这些因素包括：

（1）由于市场竞争加剧，产品需求减少，造成设备开工不足，生产能力相对过剩；

（2）原材料和能源等价格上涨，导致生产成本提高，但产品售卖价格并没有相应提高；

（3）国家相关能源、环境保护及削弱产权的法律、法规等使产品的生产成本提高或者设备强制报废，从而大大缩短了设备的使用寿命。

（二）经济性贬值的计算方法

1. 由于收益减少造成的经济性贬值的计算

$$\text{经济性贬值额}=\text{设备年收益损失额}\times(1-\text{所得税税率})\times(P/A,\ r,\ n)$$

式中，$(P/A,\ r,\ n)$为年金现值系数。

2. 由于设备利用率降低造成的经济性贬值的计算

$$\text{经济性贬值率}=\left[1-\left(\frac{\text{设备预计可被利用的生产能力}}{\text{设备原设计生产能力}}\right)^{X}\right]\times 100\%$$

式中，X 为规模效益指数，一般在 0.6~0.7 之间。

经济性贬值额一般是以设备的重置成本减去有形损耗和功能性贬值的余额乘以经济性贬值率获得。

在测算机器设备的经济性贬值时，需要注意以下几点：①由于外界因素的变化造成了机器设备的经济性贬值。如果一个工厂是因为某些设备本身的原因而不能按照原设计生产能力生产，那么该情况下的能力闲置就可能是有形损耗的结果。如果是因为工厂内部生产能力不均衡，如同样的人力、物力消耗，生产能力却不同，那么这样的能力闲置就可能是功能性贬值问题。②机器设备的生产能力与经济性贬值呈指数关系。③机器设备的实际生产能力是长时间保持下来的水平，而不是短期的生产能力。如果某些外界因素决定了在今后很长时间内机器设备每天的产量都将保持在同一水平，那么以该生产水平为基础进行经济性贬值的估算才科学合理。

【例 4-7】某种型号汽车已使用 10 年。①按该车的技术状态还可正常使用 10 年，求贬值率；②由于环保要求，国家出台政策要求该车最长使用年限为 15 年，则该车剩余使用年限变为 5 年，求经济性贬值率。

解：

（1）贬值率 =10/（10+10）×100%=50%

（2）贬值率 =10/（10+5）×100%=66.7%

则

经济性贬值率 =66.7%–50%=16.7%

【例 4-8】被评估生产线年设计生产能力为 10 000 吨，评估时，由于受政策调整因素影响，产品销售市场不景气，如不降价销售产品，企业必须减产至年产 7 000 吨，或每吨降价 100 元保持设备设计生产能力的正常发挥。政策调整预计会持续 3 年，该企业正常投资报酬率为 10%，生产线的规模经济指数 X 为 0.6，试根据所给的条件估算经济性贬值率和经济性贬值额。

解：

（1）经济性贬值率 =$[1-(7\,000/10\,000)^{0.6}]\times100\%$=19%

（2）经济性贬值额 =[100×10 000×（1–33%）]×（P/A，10%，3）

=670 000×2.486 9=1 666 223（元）

六、应用重置成本法计算机器设备评估值举例

【例 4-9】评估对象为某生产一次性餐具的国产Ⅰ型设备，该设备于 2015 年 3 月 20 日购置并投入使用，账面原值为 160 万元，设计生产能力为年产 300 万套。另取得以下相关经济技术数据：

（1）经评估人员在Ⅰ型设备生产厂家询价，Ⅰ型设备的现行出厂价格为 100 万元，运杂费、安装调试费大约占购置价的 25%（其他费用略）。据厂家介绍，更为新型的Ⅱ型设备已面世，售价较Ⅰ型设备有较大提高。

（2）从 2015 年 3 月至 2020 年 3 月，设备类价格指数情况是：

拓展阅读 4-1
并购重组评估中的机器设备成新率确定问题

扫描此码  深度学习

2016 年 3 月比 2015 年 3 月上升了 2%，2017 年 3 月比 2016 年 3 月上升了 1%，2018 年 3 月比 2017 年 3 月下降了 1%，2019 年 3 月与 2018 年 3 月价格水平持平，2020 年 3 月比 2019 年 3 月上升了 2%。

（3）被评估设备从投产到评估基准日，由于市场竞争的原因，利用率仅为设计能力的 70%，估计评估基准日后的产权变动会使被评估设备的利用率达到设计要求。

（4）被评估Ⅰ型设备经检测尚可使用 8 年，被评估Ⅰ型设备与现在流行的相同生产能力的Ⅱ型设备相比，年运营成本超支额大约在 4 万元左右；适用折现率为 10%。适用所得税率为 15%。

试用重置成本法中的两种不同思路分别评估 2020 年 3 月 20 日该设备的价值。

解：

（1）运用直接核算法评估Ⅰ型机组的过程及其结果：

①重置成本 =100×（1+25%）=125（万元）

②有形损耗率 =（5×70%）÷（5×70%+8）×100%=30.43%

③评估值 =125×（1–30.43%）=86.96（万元）

（2）运用物价指数法评估型机组的过程及其结果：

①重置成本 =160×（1+2%）×（1+1%）×（1–1%）×（1+2%）=166.45（万元）

②有形损耗率 =（5×70%）÷（5×70%+8）×100%=30.43%

③功能性贬值 =4×（1–15%）×（P/A，10%，8）=3.4×5.334 9=18.14（万元）

④评估值 =166.45×（1–30.43%）–18.14=97.66（万元）

第三节　机器设备评估的市场法及收益法

一、机器设备评估的市场法

（一）运用市场法评估机器设备的含义和前提条件

运用于机器设备评估中的市场法是指根据市场上类似设备交易的价格资料，通过对评估对象和市场参照物各种因素的分析比较，进而确定评估对象价值的方法。采用该方法的前提条件如下：

（1）对于单台设备评估，市场参照物应该是具有可比性的类似单台设备。

（2）对于整体性设备评估（如一条生产线、一个车间、一个工厂），市场参照物应该是类似的、整体出售的资产。

运用市场法对机器设备进行评估的优势在于评估价值来源于市场，数据较为公平可信；劣势在于我国二手设备市场不够发达，可比的市场参照物较少，市场资料难以获得，交易背景及条件不清楚，这直接影响了评估的准确性。该方法更加适用于具有成熟的市场且交易比较灵活的机器设备评估。

（二）运用市场法评估机器设备的步骤

1. 检测鉴定被评估设备的基本情况，收集相关资料

市场法的首要工作就是在掌握被评估设备基本情况的基础上进行市场调查，搜集与被评估对象相同或类似的机器设备交易实例资料。所搜集的资料一般包括设备的交易价格、交易日期、交易目的、交易方式、机器设备的类型、功能、规格型号、已使用年限、设备的实际状态等。对所搜集的资料还应进行查实，确保资料的真实性和可靠性。

2. 对交易市场进行调查，选择合适的参照物

对所收集的资料进行分析整理后，遵循可比性原则，选择合适的参照物，一般选取三个以上。可比参照物的选择应注意交易情况的可比性以及设备本身各项技术参数的可比性。这样可以对被评估设备与参照物之间的差异进行比较、量化和调整。

3. 量化和调整被评估设备与参照物之间的差异

由于被评估设备与参照物的条件无法达到完全一致，二者总会存在一些差异。因此，量化和调整差异才能获得被评估机器设备的市场价格。一般来讲，这些差异体现在以下方面。

（1）地域差异：由于不同地区市场供求条件等因素的不同，设备的交易价格也会受到影响，评估参照物应尽可能与被评估机器设备在同一地区。如果被评估机器设备与参照物存在地区差异，则需要根据不同地域的物价指数对参照物的市场价进行调整。

（2）时间差异：评估人员应该尽量选择与评估基准日最接近的交易案例，这样可以免去交易时间因素差异的调整。如果交易期日的价格与评估基准日设备交易价格发生变化，可以运用物价指数法对参照物的时间影响因素进行调整，其数学表达式如下：

$$\text{修正为评估期日的参照物价格}=\text{参照物交易期日的成交价格}\times(\text{评估期日价格指数}\div\text{交易期日价格指数})$$

（3）个别差异：机器设备的个别差异主要包括设备名称、型号规格、生产能力、制造厂家、技术指标、设备的出厂日期、役龄、安装方式、实体状态等。机器设备的这些个别差异最终会导致设备间功能和性能上的差异，如生产能力、生产效率、运营成本等方面的差异。通过采用功能系数法和超额运营成本折现等方法可以将被评估机器设备与参照物的个别差异进行量化和调整。

（4）交易情况差异：机器设备的交易价格会受到市场状况、交易动机和背景、交易数量以及付款方式等交易情况的影响。因此，应该对由于上述因素引起的价格差异情况进行量化和调整，主要应包括：第一，市场状况，主要是指市场的供求状况。评估人员应了解被评估的设备目前是买方市场还是卖方市场，并确定它可能对设备价值的影响。第二，交

易动机和背景。不同的交易动机和交易背景都会对设备的出售价格产生影响，如以清偿、快速变现为目的或带有一定优惠条件的出售，其售价往往低于正常的市场交易价格。第三，交易数量。机器设备的交易数量也是影响设备售价的一个重要因素，成批设备的购买价格一般要低于单台购买的价格。第四，付款方式。机器设备的付款方式主要分为两种类型，即一次付清及分期付款。这两种付款方式的销售价格肯定不同。

4. 确定机器设备的评估值

评估人员需要对被评估设备与多个参照物之间的各种差异因素进行量化调整，之后再对初步调整后的市场价格进行综合地考量，可以通过算数平均或者加权平均的方法计算并确定被评估设备的评估值。

（三）运用市场法评估机器设备的方法

1. 直接比较法

直接比较法是指利用二手设备市场上已经成交的相同设备的交易资料，通过与被评估设备的直接比较，调整得到被评估设备价值的方法。使用该方法的前提条件是被评估机器设备与市场参照物基本相同，二者差异不大且存在的差异对评估值的影响能够直接确定。

2. 类比法

类比法又称因素调整法，是指利用与被评估设备相似的且已经在市场上成交的设备的交易数据和资料，通过评估对象与参照物之间可比因素的对比分析，计算调整系数或调整值来确定评估值。该方法适用于难以获得基本相同的参照物，以相似的参照物作为分析调整基础的情况。

3. 市价折扣法

以估测二手设备市场上参照物的成交价为基础，考虑到评估对象在销售条件、销售时限等方面的不利因素，设定一个折旧率来估算评估对象价值的方法，此方法一般只适用于评估对象与参照物之间仅存在交易方面差异的情况。

二、机器设备评估的收益法

在进行机器设备评估时，收益法的应用需要具有以下前提条件：①可以确定被评估机器设备的未来获利能力，并且能够以净利润或净现金流量等指标对其进行量化；②可以确定被评估机器设备的折现率。之后，按照折现率将被评估机器设备的未来净利润或者净现金流量进行折现，所折现值即机器设备的评估值。不过，由于使用前提条件的限制，运用收益法进行机器设备评估在实际情况下不太常见。

采用收益法进行机器设备评估的计算公式有两种类型：

（1）若被评估设备预期收益等额，如租赁设备，在其预期收益即租金收入相对稳定且可以预测的情况下，可采用有限期收益折现的方法对机器设备进行评估。其数学表达式如下：

$$被评估设备价值 = A \times \frac{\left[1-\frac{1}{(1+i)^n}\right]}{i}$$

其中，A 为年固定收入；i 为折现率；n 为收益年限。

（2）若被评估设备预期收益不等，且报废处理时有残值收益，此时计算其评估值的数学表达式如下：

$$被评估设备价值 = \sum_{t=1}^{n} \frac{R_t}{(1+i)^t} + \frac{L}{(1+i)^n}$$

其中，R_t 为在第 t 年的收益；i 为折现率；n 为收益年限；L 为设备残值。

第四节　机器设备评估方法的选择

一、重置成本法的适用范围

重置成本法在机器设备评估中被广泛应用，它不仅适用于继续使用假设下的机器设备评估，还适用于继续假设下不具备独立获利能力的单台设备或其他设备的评估。此外，重置成本法对于处在非继续使用的状态下、市场参照物难以寻找且其他评估方法均不适用的机器设备评估仍然适用，但是需要进行适当调整。该方法对资产的重置全价和各种损耗都进行了充分考虑和衡量，适用于一切以资产重置、补偿为目的的资产业务，在清产核资中是最基本的评估方法。

二、市场法的适用范围

市场法是根据相近时间段内出售的类似机器设备的市价，对照被评估机器设备进行修正调整，进而确定机器设备评估值的方法。采用市场法进行评估必须首先以市场为前提，这是因为该方法是借助参照物的市场成交价或变现价格运作的。另外，市场法的运用还必须以参照物和被评估机器设备二者具有可比性为前提。

市场法主要适用于单项机器设备变现价格的估算。除此之外，该方法还适用于单项生产要素的交易，如买卖设备、原材料，以及用单项生产要素作为投资参股、合作经营等。

三、收益现值法的适用范围

运用收益现值法评估机器设备具有一定的前提条件，即要求被评估机器设备具有独立的、能连续用货币计量的预期收益。因此，该方法多用于可单独核算收益的生产流水线或成套设备的评估，并不适用于单台机器设备的评估。在确定机器设备适宜的评估方法时，一定要根据设备的具体情况（设备状况、未来用途等）进行判断和对比选择。

整体来说，评估方法是为共同目标服务的，评估方法的多样性也为评估人员提供了合理地确定资产评估价值的选择。在实践中，一项机器设备常常同时采用重置成本法和市场法进行评估。这两种方法的区别主要表现在：①重置成本法是按现行市场价格测算重新购建某项机器设备的成本来确定价格，而市场法是按市场上相同资产的交易价格来确定价格。重置成本法主要从买者角度，即以购建某项资产的耗费来确定价格；市场法则从卖者角度，即以市场上的交易实例来确定价格。②市场法中的现行市价指的是机器设备的独立价格，是以市场交易实例为基础的；而重置成本不仅包括该机器设备的自身购建价格，还包括将该机器设备处于买方使用状态下的运费、杂费、安装调试费等。③重置成本法是按全新机器设备的购买建造成本扣除各项损耗后确定的价值；市场法则是按参照物价格，并考虑被评估资产与参照物资产的各项差异因素调整后确定的评估值。这两种方法具有不同的操作程序，资料的获得和指标的确定有着不同的思路。

总而言之，在进行机器设备评估时，要根据对机器设备自身特点、现时状态和可获得资料等多方面的分析考量来选择和确定最适宜的评估方法。

课后练习题

一、在线测试题

【在线测试题】
扫描书背面的二维码，获取答题权限。

扫描此码 在线自测

二、简答题

1. 简述机器设备的特点。
2. 试述机器设备重置成本的构成。
3. 简述机器设备评估的特点。
4. 如何理解和估算机器设备的功能性贬值？
5. 估算机器设备的实体性贬值主要有哪些方法？

三、计算题

1. 被评估生产线已使用5年，还将继续使用3年，原年设计生产能力为10 000吨，评估时，由于受政策调整因素影响，产品销售市场不景气，如不降价销售产品，企业必须减产至年产7 000吨，或每吨降价100元保持设备设计生产能力的正常发挥。政策调整预计会持续3年，该企业正常投资报酬率为10%，生产线的规模经济指数X为0.6，试根据所给的条件估算经济性贬值率和经济性贬值额。

2. 被评估机组为3年前购置，账面价值为20万元，评估时该类型机组已不再生产，被新型机组所取代。经调查和咨询了解到，在评估时点，其他企业购置新型机组的取得价格为30万元，专家认定被评估机组因功能落后其贬值额约占新型机组取得价格的20%，被评估机组尚可使用7年，预计每年超额运营成本为1万元，假定其他费用可以忽略不计，试根据所给条件估测该生产线的续用价值。

3. 被评估设备购建于1995年，账面价值30 000元，2000年和2003年进行两次技术改造，主要是添置了一些自动控制装置，当年投资分别为3 000元和2 000元，2005年该设备进行评估，假设从1995年至2005年每年价格上升率为10%，该设备的尚可使用年限为8年，试根据所给条件估测被评估设备的成新率。

4. L企业于2010年10月31日购入的一台设备，该设备生产能力为年产产品100万件，设计使用年限为10年，当时的设备价格为120万元，L企业在购入该设备后一直未将该设备安装使用，并使设备保持在全新状态，评估基准日为2013年10月31日。

评估人员经调查获知，目前该种设备的换代改型设备已出现，与改型后的设备相比，被评估设备在设计生产能力相同的条件下，需要增加操作工人2人，在达到设计生产能力的条件下每年增加设备运转能耗费4万元，由于该设备生产的产品市场需求疲软，要使产品不积压，每年只能生产80万件。经调查，根据有关规定，该种设备自投入使用之日起，10年必须报废，该类设备的规模经济效益指数为0.8，评估基准日之前6年内，该设备的价格指数每年递增4%，行业内操作工人的平均人工费用为每人每月1 200元（含工资、保险费、福利费），行业适用折现率为10%，企业所得税率是25%。

试求该设备于评估基准日的评估值。

5. 评估W企业的一条国产Ⅰ型机组，该机组于2006年10月20日购置并投入使用，其设计生产能力为年产J产品10万件，账面原值为150万元，评估人员于2011年10月20日（评估基准日）对该机组进行评估，并取得以下相关经济技术数据：

（1）从2006年10月至2011年10月，设备类价格指数情况是：2007年5月比2006年10月上升了2%，2008年10月比2007年10月上升了1%，2009年10月比2008年10月下降了1%，2010年10月与2009年10月价格水平持平，2011年10月比2010年10月上升了2%；经评估人员在Ⅰ型机组生产厂家询价，Ⅰ型机组的现行出厂价格为100万元，运杂费、安装调试费大约占购置价的25%。据厂家介绍，更为新型的Ⅱ型机组已经面世，售价是180万元；被评估机组从投产到评估基准日，由于市场竞争等原因，利用率仅为设计能力的60%，估计评估基准日后的产权变动会使被评估机组的利用率达到设计要求。

（2）被评估Ⅰ型机组经检测尚可使用7年；被评估Ⅰ型机组与相同生产能力的Ⅱ型机组相比，年运营成本超支额大约在4万元左右。

（3）假定折现率为10%。

根据上述背景材料运用两种具体方法评估Ⅰ型机组于2011年10月20日的续用价值。

第五章 房地产评估的基本方法

学习目标

通过本章学习，应该能够：

了解房地产价格构成；

熟练运用重置成本法、收益法、市场法进行房地产评估；

清楚房地产评估方法的选择。

思政导读

根据产业划分的标准和依据，房地产业是不同于建筑业的一个独立行业，属于第三产业范畴，其具有基础性、先导性和风险性。中国房地产业经历了较长的发展历程。中华人民共和国成立后，国家对房地产进行计划性投资和建设，并无偿划拨给单位使用。改革开放之后，伴随着国民经济的快速增长、对外开放水平的不断提升以及城镇化过程的快速推进，房地产业沿着市场化与商品化的基本路径快速发展。中国房地产业的发展与经济体制改革、土地制度改革以及住房制度的改革紧密相关，同时也离不开对外开放程度的提升。房地产业的发展极大地改善了居民居住条件，提升了城镇居民家庭财产性收入占家庭总收入的比重。房地产业发展还提升了城市功能，优化了城市产业结构，在国民经济中发挥着重大作用。由上可知，房地产业在我国国民经济中占有举足轻重的地位，关系民生与经济增长。政府会持续地对房地产行业加以调节和管控，一是防止市场过热，同时也要防止快速下跌。保持房地产市场整体稳定、可持续健康发展无疑是最佳的选项。

房地产评估是涉及政府和社会各方面重大经济利益的中介服务行为，住房制度改革中的租金和旧有公房售价标准的制定离不开房地产评估，新技术区的开发、土地批租以及旧区改造建设中的房屋拆迁、旧房改造等建设项目都需要通过价格评估提供正确的出让、转让和补偿标准。由此，房地产交易、租赁、抵押、担保、商品房开发与销售等环节都离不开对房地产的评估。此外，在企业合资、兼并、承包经营、改制、破产清算、涉案中民事纠纷调解等方面也需要专业的房地产评估。

本章将引入房地产价格及其影响因素的相关分析，并讲解如何应用三种最基本方法进行房地产评估。

第一节　房地产评估概述

一、房地产概念、特征与房地产市场特征

（一）房地产的概念

房地产是指土地、建筑物及其他相关地上定着物。土地是指地球表层的陆地部分及其上下一定范围内的空间，一宗土地的地表范围是土地在地表上的“边界”所围合的区域。建筑物包括房屋及构筑物，是指用建筑材料构筑的空间及实体，包括建筑如住宅、办公楼、商店、厂房、仓库等和构筑物如水塔、烟囱、道路、桥梁等。其他相关地上定着物是指附着或结合在土地或建筑物上不可分离的部分，从而成为土地或建筑物的从物，应随着土地或建筑物的转让而一并转让的物（特殊约定除外），如围墙、水池、树木、地下管线、水暖设备等。

在房地产评估中，评估对象有三种，即土地（也称地产）、建筑物、建筑物和土地合一（也称房产）。概括起来，房地产估价对象有房屋、构筑物、土地、在建房地产、未建房地产及整体资产中的房地产等财产或相关权益。房地产评估实质是对房地产有关权益的评估，同一房地产实体由于所载权益的不同会有不同的价格。

（二）房地产的特征

房地产的特征是指房地产有别于其他类型资产的特殊性质。房地产的特征主要取决于土地的自然特性与经济特性，也与建于其上的建筑物有关。

1. 土地的自然特性

（1）数量的有限性。土地是一种非可再生的自然资源，就整体而言既不会增加，也不能再生，所以土地具有独占性和有限性。

（2）位置的不可移动性。土地有其特定的自然地理位置，无法搬迁或移动，这一特征使土地的利用状态受其位置的限制。

（3）效用的持久性。与其他类型的资产相比，土地不会因使用损耗而丧失价值，只要在利用过程中加以保护，土地能够持续发挥其效用，所以土地的使用价值（也称效用）具有永续性、持久性的特点。

（4）效用的差异性。由于自然原因，不同位置的土地存在气候、地貌、海拔等方面的差异，这种自然差异造成了土地使用价值的差异。

2. 土地的经济特性

（1）用途的广泛性。土地是人类社会赖以生存的基础，土地可作为农业用地、林业用地、工业用地、住宅用地、商业用地等。不同用途的土地又可选择不同的利用方式，如住宅用地，可建造多层、高层住宅和别墅等。

（2）供给的稀缺性。由于人口增长和城市化等，人们对各类用地的需求不断增加，而土地数量的有限性、位置的不可移动性和使用价值的差异性等自然特征限制了土地供给，所以土地特别是城市土地成为一种稀缺性资源。

（3）经济地理位置的可变性。土地的自然位置具有不可移动性，但人类活动能够改变土地的经济地理位置。城市的区位会随着基础设施的建设，特别是交通的发展而改变。

（4）可垄断性。一宗土地一旦为某权益主体占有、使用，其他权益主体就不能使用。在土地所有权或使用权让渡时，必然要求实现利益垄断。

3. 房地产的特性

房地产的特性是土地和建筑物各自特性的综合，其主要有以下几个方面。

（1）位置固定性。房地产也称不动产。土地不可位移，建造于土地之上的建筑物也不可移动，房地产位置的固定性使其具有区域性和个别性的特征。房地产的周围景观、交通、与市中心的距离等形成了其特有的自然和社会地理位置。

（2）使用长期性。土地的效用具有永续性。建筑物一经建造完成，其寿命可达数十年甚至上百年，所以房地产的使用具有长期性，使用期间可以随需求而不断改善、调整，以达到最佳的利用状态。需要注意的是，根据国家土地使用法规，企业、其他组织和个人通过政府出让方式取得的土地使用权是有期限的。

（3）投资大量性。房地产开发在土地取得、房屋建造及销售等环节，都需要投入大量的资金。每平方米的土地及建筑物价格少则数百元，多则上万元，房地产的交易市价往往高于其他消费品。房地产投资的大量性和变现风险，要求事先做好可行性研究并考虑其资金的时间价值。

（4）影响因素多样性。房地产效用的发挥和价值的实现受到诸多因素的制约。除了房地产自身的自然特征以外，经济社会因素以及周边环境等都会对房地产效用的发挥及其价值的实现产生极大的影响。如社会因素方面，政府的城市规划具体规定了房地产的用途和使用强度，包括容积率、覆盖率、建筑高度、绿地率等。良好的周边环境可以提高该区域房地产的价值，此外，影响房地产效用发挥及其价值实现的因素还有住房制度、政府的房地产政策、社会有效需求等。

（5）保值增值性。随着人口增长和经济社会的发展，土地需求不断增加，由于土地资源特别是城市土地面积的有限性，从长远的观点来看，土地供给一般会滞后于土地需求而出现房地产价格上升的趋势。出现通货膨胀时，房地产的保值性会更明显。房地产的保值增值是一种趋势，并非每宗房地产的价值在任何时点都会上升，需要结合具体情况来理解。

（6）独一无二性。独一无二性是指房地产的异质性。房地产与目前可通过机器化大生产产出的汽车、手机等相比，产品不能整齐划一，加之不可移动性，由此，每宗房地产都有自己的独特之处，没有两宗完全相同的房地产。即使两处建筑物可能一模一样，但由于它们的位置、朝向、地形、地势、周围环境和景观等不同，该两宗房地产实质上也是不相同的。此外，尽管有样板房、样板间、售楼处、沙盘、照片等，房地产交易仍不适宜采取样品交易方式，而必须到交易对象所在地实地观察、感受或体验，房地产估价也必须到估价对象所在地实地查勘。

（三）房地产市场的特征

1. 房地产市场的区域性和不完善性

由于房地产的位置固定性和独一无二性，使得房地产市场上难以出现相同房地产的大量供给，房地产之间不能完全替代，房地产的独一无二特性决定房地产市场不是完全竞争的市场，房地产价格千差万别并容易受个别因素的影响。

房地产位置的固定性也决定了房地产只能就地开发，受制于其所在的地理空间和社会经济状况，无法跨区域调节余缺，这种位置固定性决定了房地产市场通常不是全国性市场，更不是全球性市场，而是地区性市场。房地产的供求状况、价格水平及价格趋势都具有区域性。

2. 房地产交易的复杂性

房地产交易的金额较大，加之每一栋房屋都会因用途、结构、材料和面积以及建造的地点、时间和房屋的气候条件等的不同而产生诸多的相异之处，同时房地产交易涉及许多专业问题，技术性强，需要各种专业咨询和服务，从而导致房地产交易成本高。此外，房地产买卖、租赁、抵押等多种交易必须按照规定的法律程序来完成产权的转移，使得房地产交易存在复杂性。

3. 房地产价格与区位密切相关

房地产的区位是指房地产的空间位置。一宗房地产具体的区位，是该房地产与其他房地产或事物在空间方位和距离上的关系，包括其位置、交通、外部配套及周围环境等。由于房地产的不可移动性，使房地产价格与其所处区位关系密切，区位可决定房地产价格的60%~70%。因此，在房地产评估中必须将区位因素考虑在内。

二、房地产评估的原则

现实中对房地产转让、租赁、征收、抵押、税收、司法拍卖、损害赔偿、保险及分家析产等活动均需要对房地产进行评估。房地产评估中应遵循的原则有以下几点。

（一）合法原则

合法原则具体是指房地产评估应以房地产的合法取得、合法使用、合法交易、合法处分等为前提。房地产的合法取得通常以合法产权证明文件为依据，估价时必须确认评估对象具有合法的产权。在确定房地产的合法使用时，必须根据城市规划及有关法律的规定，关注其规划用途、容积率、建筑高度与建筑风格等的合法性。如测算房地产的净收益时，其经营用途应为合法用途，不能用作非法经营场所；城市规划为居住用地的，评估该地块价值时必须以居住为用途，而不能作为工业用地或商业用地。测算房地产的净收益时，不能以临时建筑或违章建筑的净收益作为测算依据。合法交易和合法处分一般以房地产相关法规及文件、合同、协议为准绳。

（二）最佳使用原则

最佳使用原则具体是指房地产评估应以估价对象的最佳使用为前提。房地产的最佳使用方式是指在法律上允许，并在技术、经济上可行，能够使被评估对象获利最多。如果评估对象的在用用途不是最佳使用，应对其最佳用途进行判断和选择，并以此为基础进行评估，但由在用用途转为最佳用途所需的支出应作为贬值扣除。

（三）房地综合考虑原则

房屋建筑物和土地在使用价值上的相互依存和价格形成中的内在联系，要求我们在评估中必须把两者作为相互联系的对象进行综合评估。建筑物无法脱离土地而存在，土地的使用价值需要通过建筑物来反映。土地的价格不仅与自身的位置和自然因素有关，而且取决于土地上的建筑物，如在市中心闹市区建造住宅楼是不恰当的，房地产价值会受损，土地也会相应贬值；而建筑物的价格除了受建造时的支出影响外，还与其地域位置的匹配性有关。土地的用途及其与建筑物的协调直接影响房地产的整体价值。土地和建筑物之间相互依存的关系，要求房地产评估中考虑土地的价格，即房地合一。单独评估地价时，也要考虑其建筑物的类型。

（四）区域及地段原则

房地产价格的评估必须体现房地产所处的经济地理位置的差别，应考虑区域及地段差异对房地产价格的影响。由于房地产的不可移动性，经济地理位置的差别使其价格呈现显著差异，区域和地段成为影响房地产价格的重要因素。交通状况、基础设施、自然和人文景观等都具有较强的区域性，这些因素共同作用决定了房地产的环境质量和区位特征，从而影响房地产价格。此外，城市的经济发达程度也是影响房地产价格的主要因素。

房地产随着经济地理位置和发展程度的差异，往往会出现级差收入。级差收入在同一城市内部以地段和区域级差的形式反映，在不同城市之间则通常以区域级差来反映。按照区域及地段原则对房地产价格进行评估，总体上沿海地区高于内地，大中城市高于中小城镇，城市中心、繁华地段高于郊区和其他地段。

三、房地产评估的程序

（一）接受委托、明确评估的基本事项

1. 明确评估对象

在与委托方相互了解、充分沟通后，一是评估人员应确定被估房地产的名称、位置、用途、面积、使用年限等，二是明确产权和产权归属等状况。评估对象是由委托人与评估目的共同决定的。

2. 明确评估目的

委托方需要向评估人员说明评估结果的具体用途，如买卖、入股、抵押或租赁等，并将评估目的写入委托协议。同时，需要明确是单独的房地产评估还是企业价值评估中采用资产基础法时涉及的房地产评估。评估目的的不同将影响评估结果。

3. 明确评估基准日

评估结果是某一时点的资产估值，其合理性是针对评估基准日而言的。评估基准日是所评估对象价值所对应的某一特定时间，一般精确到日。

4. 明确评估报告提交的日期

评估人员应根据报告提交的日期，制订合理的时间计划，合理安排人员，按期保质地完成评估工作。

（二）制订评估作业计划及评估技术方案

明确评估的基本事项后，在对评估对象进行充分分析的基础上，制订评估作业计划和评估技术方案。评估作业计划通常包括各项工作的日程安排和人员配备，以便控制评估进度和质量。评估技术方案主要是选择合理的评估方法，为现场勘查及数据资料的收集提供方向和标准。

（三）现场勘察及收集数据资料

房地产的状况包括基本状况、实物状况、权益状况和区位状况。评估人员必须到房地产现场进行实地勘察，了解和确定下列内容：土地的形状、地质、面积，建筑物的面积、外观结构、装修情况等，房地产的位置、交通、外部配套设施及周边环境；另外，现场勘查时还要了解土地及建筑物的权益状况，并与委托方提供的资料进行核对。

（四）评定估算，给出评估结果并撰写评估报告

根据评估方法及对数据资料的分析，评估人员进行评定估算，并且得出评估对象房地产的评估价值。如允许，评估人员应采取两种或两种以上的评估方法进行评定估算，便于结论的比较和验证。最后在充分分析和论证的基础上，得出合理的最终结果，出具房地产

评估报告。

（五）其他后续工作

其他后续工作包括审核估价报告、交付估价报告及保存估价资料。其中，评估资料的保存期限按照资产评估法所规定的不少于 15 年。

第二节 房地产价格

一、房地产价格的特性

（一）土地价格的特殊性

1. 价格构成的特殊性

土地价格是土地所有权或使用权转让时获得这种所有权或使用权的人所支付的代价，其实质是地租的资本化。在我国的社会经济制度下，城市土地所有权永久属于国家，企业法人、经济组织及个人经有偿转让所取得只是土地使用权，且这种使用权按土地的用途规定有不同的使用年限。我们所能评估的是土地的使用权而非所有权，这与西方资产评估有关土地评估存在本质区别。由于城市土地所有权永久属于国家，于是就产生了土地所有权与土地附着物所有权分离的可能性。土地使用权到期或者地上附着物所有权人重新向国家申请转让土地使用权、变卖地上附着物或国家无偿取得地上附着物等，都是现实经济生活及资产评估中面临的问题。

2. 价格决定机制的特殊性

土地价格简称地价，如果是一块空地，则是指该块地的价格；如果是一块有建筑物的土地，则指土地自身价格，不包含附着于该土地上的建筑物的价格。土地价格取决于其实物因素（如面积、形状、地形、地势、地质、土壤等）、经济社会环境、基础设施和交通状况，实际被开发程度以及土地的用途等。

3. 市场供求关系的特殊性

土地价格基本上是由人们对土地的需求状况所决定的。总体来看，土地的数量是固定的，土地供给几乎无弹性，而土地需求由于人口增长和经济的发展呈现不断增长的趋势，所以土地市场呈现一种特殊的供求关系。

4. 价格呈不断增长趋势

由于技术进步和生产力的提高，经济环境质量及基础设施的改善，土地收益不断增加，地租也随之提高。同时，随着城市建设对土地的需求不断扩张，土地价格呈现总体上涨的趋势。

（二）房地产价格的特性

拓展阅读 5-1
《农村土地承包法》
扫描此码　深度学习

房地产价格除了具有土地价格的特殊性质外，还具有以下特征：

1. 房地产价格构成具有复杂性

房地产的价格构成包括地价和房价，两者的形成机制不同。地价在我国是土地使用权的价格，包括土地作为自然资源的价格和对土地进行开发投入的资金，本质是一次性收取的若干年的地租。房价一般是指所有权价格，建筑物是劳动产品，房价的形成机制与一般商品类似。土地与建筑物的价格特征不同，这使房地产价格的形成因素更为复杂。

2. 房地产价格具有明显的区域性、个别性

房地产位置的固定性，使其无法异地销售形成全国性市场，所以房地产价格基本上是由房地产所在区域的供求状况决定的，具有较强的区域性。在其他状况相同的情况下，区位较好的房地产价格会较高。此外，由于房地产的个别性，其现实价格依据交易需要而定，并容易受买卖双方个别因素（如议价能力、交易方式等）影响，这使得房地产价格具有明显的个别性。

3. 房地产价格具有较强的政策性

房地产的特性及其在国民经济和民生中的重要作用，决定了政府需要对土地的开发利用、房地产交易进行必要的干预，由此产生了关于房地产的一系列政策、法规规划等，对房地产价格也产生了重要的影响。

4. 房地产价格实质是房地产权益的价格

房地产由于不可移动，在交易中可以转移的不是实物，而是所有权、使用权或其他权益。实物状况相同的房地产，权益状况可能千差万别，甚至实物状况好的，由于权益过小（如土地使用年限短或产权有争议），价格反而较低；相反，实物状况差的，由于权益较大（产权清晰、完全），价格还可能较高。

二、房地产价格的种类

（一）土地价格、建筑物价格、房地产价格

1. 土地价格

土地价格是土地使用权价格，简称地价。根据目前我国的地价体系，地价又可具体分为以下几种。

（1）基准地价，即土地初始价，也称城市基准地价。国家土地管理局《城镇土地估价规范（试行）》中是这样定义基准地价的："基准地价是对城镇各级土地或均质地域及其商业、住宅、工业等土地利用类型评估的土地使用权单位面积平均价格。"基准地价是指在城镇规划区范围内，对平均开发利用条件下不同级别或不同均质地域的建设用地，按照商业、

居住、工业等用途分别评估法定最高年期的某一评估基准日的标准宗地土地使用权的区域平均价格。

（2）标定地价，是指以基准地价为基础确定的标准地块的一定使用年限的价格。它是政府根据管理需要，在城镇不同土地级别或区段内，按照土地的条件、用途等选定的宗地所评估的单位面积土地使用权价格。它的作用体现在：①政府出让土地使用权时确定出让金额的依据；②清产核资中核定单位所占用地土地资产和股份制企业土地作价入股的标准；③核定土地增值税和管理地产市场的具体标准；④划拨土地使用权转让、出租、抵押时，确定补交出让金的标准。

（3）出让底价，是政府根据正常市场状况下的地价水平并考虑到一些特殊政策因素的影响，确定某宗地出让时的最低控制价格。它也是土地使用权出让时政府首先出示的待出让土地或地块的最低地价（标价）的依据和确认成交地价（或出让金）的基础，是政府出让土地使用权（招标或拍卖）时确定的最低价格，亦称起叫价格，若低于这个价格则不出让。

（4）转让价格，是土地使用者在使用期内，将已取得的土地使用权再转让的价格，具体包括买卖价格和租赁价格。买卖价格是以买卖方式让渡土地使用权的价格；租赁价格也称租金，是以租赁方式让渡土地使用权的价格。

（5）其他价格，主要有抵押价格、课税价格和征用价格。抵押价格是房地产以抵押的方式作为债权担保时的价值，即当抵押人不履行债务，抵押房地产被拍卖、变卖或折价时所能实现的合理价格；课税价格是根据税法规定，作为房地产课税基础的价格；征用价格是政府征用土地对被征用土地的权益主体进行补偿而评定的价格。

我国的土地市场可分为一级市场和二级市场。一级市场是由政府垄断的土地出让市场，是土地市场的基础。基准地价、标定地价和出让地价均属于一级市场的价格范畴，其价格由政府决定。二级市场是土地使用权转让市场，具有竞争性。

2. 建筑物价格

建筑物价格是指纯建筑物部分的价格，不包含该建筑物占用范围内土地的价格。在现实生活中，单纯的建筑物价格并不多见，因为很少有单纯的建筑物买卖实例。

3. 房地产价格

房地产价格是土地（地产）价格、建筑物价格及土地与建筑物综合体价格的统称，即土地价格可以称为房地产价格，土地与建筑物综合体价格（也称为房地价格）也可称为房地产价格。通常所讲的房产价格或房价是指建筑物连同其占用的土地的整体价格。

（二）总价格、单位价格

1. 总价格

总价格是指房地产的整体价格，它可能是一块面积为 1 000m^2 的土地价格或一套建筑面积 300m^2 的住宅价格，也可能是一个国家或一个城市的全部房地产的价格。总之，房地产的总价格一般不能完全反映房地产价格水平的高低。

2. 单位价格

单位价格是指房地产的单位面积价格，它可以是土地的单位面积价格，也可以是房屋建筑物单位面积价格，还可以是房地合一状态下（房产）的单位面积价格（一般是指建筑面积）。同时，各国家或地区对面积单位的习惯用法也会不同，如中国内地通常采用平方米、亩等，美国、英国及中国香港习惯采用平方英尺，日本、韩国则采用坪。

（三）楼面地价

楼面地价又称单位建筑面积地价，是按照土地上建筑物的面积进行均摊后的土地价格。楼面地价与土地总价的关系如下：

楼面地价 = 土地总价格 ÷ 建筑总面积

楼面地价 =（土地总价格 ÷ 建筑总面积）×（土地总面积 ÷ 土地总面积）

　　　　= 土地单价 ÷ 容积率

式中，容积率 = 建筑总面积 ÷ 土地总面积。

三、房地产价格的构成

一般来说，房地产商品的价格由六大项构成，具体包括：土地取得成本、开发成本、管理费用、投资利息、销售税费和开发利润。

（一）土地取得成本

土地取得成本是指取得开发用地所花的费用和税金等，一般由购置土地的价款和应缴纳的税费构成。根据房地产开发取得土地的途径，可将土地取得成本分为以下几种类型。

1. 征用农地的土地取得成本

通过征用农地取得的，土地取得成本包括土地征用费和土地使用权出让金等。土地征用费按照《中华人民共和国土地管理法》和各省市相应的实施细则计算，包括土地补偿费、青苗补偿费、地上附着物补偿费、安置补助费等。土地使用权出让金是政府将农村集体土地征收后，出让给土地使用者并向受让人收取的土地有偿使用费。

2. 城市房屋拆迁的土地取得成本

城市中通过房屋拆迁取得的土地，其取得成本包括拆迁安置补偿费和土地使用权出让金。其中的拆迁安置补偿费按《城市建设房屋拆迁管理条例》和各省市相应的实施细则计算，主要包括房屋补偿费、因征收房屋造成居住不便或搬迁的周转补偿费和奖励性补偿费三个部分。

3. 市场购买的土地取得成本

市场购买的土地取得成本包括购买土地的价款和应缴纳的税费（如交易手续费、契税等）。

（二）开发成本

开发成本是在取得开发用地后进行土地开发和房屋建设所需的费用和税金，主要包括下列几项：

1. 勘察设计和前期工程费

勘察设计和前期工程费是指房地产开发工程前期发生的费用，包括规划、可行性研究、环境影响评估、规划勘查以及“三通一平”、施工执照等支出。

2. 基础设施建设费

基础设施建设费包括工程（红线内）所需的道路、给排水、供电、通信、燃气、热力等工程设施的建设费用。

3. 建筑安装工程费

建筑安装工程费包括建造房屋和附属工程所发生的建筑工程费、安装工程费、装饰装修工程费、招投标费、预算审查费、质量监督费、竣工图费等。

4. 公共配套设施建设费

公共配套设施建设费包括房地产开发企业承担的非盈业性（不能有偿转让）的公共配套设施支出，如居委会、派出所、幼儿园、消防、公共厕所等的建设费用。

5. 税费

房地产开发期间的税费包括由开发商承担的绿化建设费、人防工程费等。

（三）管理费用

管理费用包括房地产开发商开发过程中支付的管理人员工资、办公费、差旅费、固定资产使用费等。

（四）投资利息

投资利息是指在假定开发商的开发资金均为借贷资金的前提下所应支付的利息。一般应计算利息的开发资金包括土地取得成本、开发成本、管理费用及销售费用。

（五）销售税费

销售税费是开发完成后销售房地产所需的费用和应由开发商缴纳的税费，一般包括：

（1）销售费用，包括广告费、展销费、销售人员的工资、销售代理费等。

（2）销售税金及附加，包括应缴纳的增值税、城市维护建设税和教育费附加等。

（3）其他销售税费，包括应由开发商负担的印花税、交易手续费、保修期内的维修费、产权转移登记费用等。

（六）开发利润

与其他商品生产企业一样，房地产开发商的经营目标也是追求利润，因此利润是房地产价格的构成部分。

四、房地产价格的影响因素

影响房地产价格的因素很多，可以说是错综复杂，这些因素相互作用于房地产价格。不同因素对房地产价格的影响程度不同，同一因素的影响作用也会随着房地产用途和地区等差异而变化，所以评估房地产价值时应充分调查并分析各种因素及其相互关系。影响房地产价格的因素，按照它们与房地产的关系，可分为：一般因素、区域因素、权益因子、个别因素四个层次。

（一）一般因素

一般因素是指影响房地产价格的一般、普遍、共同的因素，具体分为以下三类。

1. 社会因素

社会因素包括：人口数量、人口结构与素质、政治安定状况、社会治安状况、城市化程度及公共设施的建设状况等。

人口数量与房地产价格呈正相关关系，房地产需求随人口增长而增加，供给相对匮乏时，房地产价格上涨。

人口的年龄、性别、家庭、职业、文化、民族、家庭规模等结构特征将会影响房地产价格。如即使地区总人口不变，家庭人口规模也会影响住宅使用面积和套数需求，导致房地产价格变动。同时，平均受教育程度、文明程度等人口素质特征也会影响房地产价格。人口素质较高时，居住环境和社会秩序维护较好，房地产价格趋高。

政治安定状况是指现有政权的稳定程度，以及不同政治党派和团体的冲突情况。一般来说，政局不稳、社会动荡会影响置业投资的信心，引起房地产价格下跌。

社会治安状况是指偷窃、抢劫等犯罪案件的发生情况，生命财产安全保障程度会影响房地产价格。

城市化意味着城市人口规模扩张，城市房地产需求不断增加，会导致房地产价格上涨。

公共设施建设从成本方面推动房价上涨，同时，教育、医疗等社会公共服务水平也会影响城市房地产需求。

2. 经济因素

经济因素包括经济发展状况，储蓄及投资水平，财政收支及金融状况，物价、工资及就业水平、利率水平、汇率水平等。

经济发展状况较好时，国民经济增速快，各行业对房地产的需求增大，会促进房地产市场的繁荣和房价上涨，房地产价格与地区经济发展状况呈正相关关系。

储蓄及投资水平对房地产价格的影响比较复杂。房地产是消费和生产资料的综合体，其需求通常会随着储蓄和投资水平的提高而增加。

财政收支及金融状况对房地产价格的影响表现为：财政金融状况的恶化会导致银根紧缩，从而造成一方面对房地产的需求减退，另一方面开发商资金不足促使供给急剧下降。

物价波动对房地产价格的影响较为明显。一般情况下，通货膨胀严重时，人们为减少货币贬值带来的损失，往往转向房地产投资，以求保值增值，从而刺激房地产价格猛涨。

工资和就业水平较高时，人们的货币购买力较强，可能推动房地产价格上涨；而失业率上升时，房地产需求减少。

利率水平对房地产价格的影响较为复杂。通常情况下，利率上升会提高房地产的开发成本和贷款者的购房成本、房地产需求和供给减少，则导致房地产价格下跌。

汇率水平会影响房地产的投资收益。例如，当预期某国货币要升值时，国外资金通常会购买该国房地产以期获得较好投资收益，这样会导致其房地产价格上涨；反之，则会导致其价格下降。

3. 政策因素

政策因素是指影响房地产价格的制度、政策、法规、行政措施等方面的因素，主要有：土地制度、住房制度、城市规划、土地利用规划、房地产价格政策、房地产税收政策等。

制定科学合理的土地制度，通过市场形成合理的土地使用权价格，能够促进土地资源的合理配置。

住房制度同样会对房地产价格产生重要影响，如实行福利住房，将形成低水平的住宅房价。

城市规划、土地利用规划等决定了一个城市的发展方向和规模、用地结构、地块用途等，将土地规划为住宅用地、商业用地、工业用地等，相当于大体确定了该地块的土地价格。

房地产价格政策是政府对房地产价格采取的管制或干预措施，如通过降低贷款利率、规定收费标准等措施抑制房地产价格。

房地产税收可以调节房地产投资的积极性，控制房地产投机，稳定市场；此外，需要考虑不同税种对供求双方的不同影响。

影响房地产价格的一般因素除了上面所讲的内容外，还有自然因素，如日照、气候、温度、湿度、降雨量等。

（二）区域因素

区域因素具体是指房地产所在区域的自然、社会、经济、政策等因素相结合所产生的区域性特性对房地产价格水平的影响因素。这些因素可细分为商业繁华度、道路通达度、交通便捷度、设施完备度和环境质量状况等因素。

1. 商业繁华度

商业繁华度具体是指所在区域的商业、服务业繁华状况及其与各级商业、服务中心的位置关系。商业和服务业繁华度较高的区域，房地产价格也较高。

2. 道路通达度

道路通达度具体是指所在区域道路系统的通畅程度。一般来说，道路的级别（主干道、次干道、支路）越高，该地区的房地产价格水平也越高。

3. 交通便捷度

交通便捷度具体是指区域交通的便捷程度，包括公共交通系统的完善程度和便利程度。区域的交通便捷程度与房地产价格呈正相关关系。

4. 设施完备度

设施完备度具体是指城市的基础设施、生活设施、文化娱乐设施等的完备程度。基础设施主要包括供水、供电、供气、通信等设备；生活设施主要包括学校、医院、银行等；文化娱乐设施主要有电影院、公园、文化馆、体育场等。设施越完备，房地产价格越高。

5. 环境质量状况

环境质量状况具体是指区域景观环境、人文环境、社区环境等状况，包括景观、绿化、空气质量、区域居民素质、社区文化、污染等状况。通常情况下，环境优美、污染较少的地区，房地产价格水平较高。

同时，在进行房地产评估时，应注意评估对象的用途，不同用途的房地产所考虑的区域因素是不同的。商业区主要考虑商业繁华程度、交通便捷程度等；住宅区需要考虑与商业服务中心及城市中心的距离、交通便捷程度、设施完备度、环境质量状况等；工业区主要考虑道路运输水平、给排水等工业基础设施完备程度、产业集聚规模等。

（三）权益因素

房地产是不动产，其物权的设立和转让不同于动产的交付，而是依照法律规定登记，因此其交易中可以转移的不是实物，而是一种权益关系的转移，因而房地产价格实质上是权益价格。即使实物状况相同的房地产，其权益也可能不同，因为其会受到许多方面的限制，这些限制除来自建筑技术及拥有者的经济实力外，还有一些其他限制，初步可分为三个方面。

1. 房地产权利及其行使的限制

拥有的房地产权利是使用权、地役权、抵押权、租赁权，以及这些权利是否完整、清晰等，其价值会有很大的差异。以地役权为例，对供役地而言，是他人在该土地上享有的一种有限的使用权，字面上的意思是该土地为他人服役。供役地在给他人提供方便时，土地使用权人有可能会遭受某些损失，在这种情况下，地役权的存在会降低供役地的价值。

2. 房地产使用管制

使用管制主要指农用地转为建设用地，以及城市规划对土地用途、容积率、建筑高度、建筑密度、绿地率等的规定。如就规定用途来看，居住、商业、办公、工业等不同用途对土地位置等的要求不同。在土地位置等一定的情况下，规定用途（例如，是用于商业、办公、居住，还是工业或绿化）对地价有着很大的影响。实践中，规定用途对地价的影响在城市郊区表现得特别明显。例如，在城市发展中某些农用地很适合转变为城市建设用地的情况下，如果政府规定只能维持现有的农业用途，则地价必然较低，而如果一旦允许改变用途，则地价会大幅上涨。

3. 相邻关系的限制

相邻关系是指房地产的相邻权利人依照法律法规的规定或者按照当地习惯，相互之间应当提供必要的便利或者接受必要的限制而产生的权利和义务关系。特别是从义务方面来看，相邻关系是对房地产所有权、使用权的一种限制，所以相邻关系的存在对房地产价格有一定的影响。

（四）个别因素

个别因素具体是指房地产的个别性对房地产价格的影响因素，它是决定相同区域房地产出现差异价格的构成因素之一，包括土地个别因素和房屋建筑物个别因素两个方面。

1. 土地个别因素

不同用途的土地个别因素并不完全一致，对土地价格影响较大的个别因素主要有以下几个方面：

（1）位置、面积、地势、地质。位置的差异会造成收益、生活环境的差异，自然和经济地理位置越好的区位，土地价格越高。土地面积与其用途的匹配程度会影响土地效用的发挥。一般来说，地势高的地区土地价格高于地势较低的地区。地质条件决定了土地承载力，与地价呈正相关关系。

（2）形状、宽度、深度。土地的形状有矩形、三角形或梯形等，其会影响建筑物的特性规模，一般以矩形为佳。形状不规则的土地通常不便于利用，地价较低，但在交叉路口等特殊地段价格可能畸高。

（3）临街状况。临街状况对地价影响较大，一般来说，不临街住宅的位置要好于临街住宅，而商业用途的房地产则相反。街角地位于街道的交叉或拐角处，对商用房地产最能发挥效用，但用于住宅建设时，地价低于商用。袋地被周围土地所环绕，由巷道与街道相连，造成了不利的位置条件，商用价值低，但对于居住用房地产来说，视采光、通风、视野、防火等情况而定，地价可能较高。

（4）规划用途、容积率、使用年限。同一块土地，规划用途不同，价格也会不同，商业用地、住宅用地、工业用地的价格依次递减。容积率越大的地区地价越高；土地使用年限越长，地价越高。

（5）生熟程度。生熟程度即土地的开发程度，熟地的开发程度较高，价格一般高于生地。“七通一平”（通道路、通给水、通电、通排水、通热力、通电信、通燃气及土地平整等的基础建设）土地的价格高于“五通一平”和“三通一平”土地的价格。

2. 房屋建筑物个别因素

（1）面积、构造、材料等。建筑物的高度、面积不同，其建造成本也不同；建筑物的结构及使用的建筑材料差异也会影响建造成本，从而影响其价格。

（2）设计、设备。建筑物设计的合理性（设计风格、房屋布局等）、设备质量对建筑物价格有较大影响。房屋设计和使用功能合理、设备性能较好，房价更高。

（3）施工质量。建筑物在抗震、防渗漏、抗磨损等方面的施工质量决定了建筑物的使用年限和安全性。施工质量直接影响建筑物的价格。

（4）楼层、朝向。楼层的高度影响房屋的使用功能和方便性，朝向影响通风、采光和视野等，共同决定了房屋的舒适度，进而影响房地产价格。如底层房屋受到前方高楼阻挡，即使朝向为南，采光通风也较差，舒适性低。一般位于上风、上游地区的房地产价格会高于下风、下游地区的房地产价格。

拓展阅读 5-2
房住不炒
扫描此码　深度学习

（5）政府各种法规的限制。国务院确定的土地使用权出让最高年限为：居住用地 70 年；工业用地 50 年；教育、科技、文化、卫生、体育用地 50 年；商业、旅游、娱乐用地 40 年；综合或者其他用地 50 年。

（6）新旧程度。一般来说，新房的价格高于旧房。

第三节　房地产评估的重置成本法

一、基本思路及计算公式

重置成本法是求取评估对象在评估基准日的重新购建价格，然后扣除损耗，以此估算房地产的客观合理价格或价值的方法。也可以说，它是以房地产价格各构成部分的累加为基础来估算房地产价格的方法，其计算公式如下：

$$评估价值 = 重新购建价格 - 损耗$$

运用重置成本法的基本步骤如下：

（1）收集有关房地产开发的成本、税费、利润等资料；

（2）估算重新购建价格；

（3）估算损耗；

（4）确定评估价值。

二、适用的对象和条件

新开发建造、计划建造或可以假设重新开发建造的房地产，都可以采用重置成本法评估。但重置成本法特别适用于那些既无收益又很少发生交易的房地产的评估，如学校、图书馆、医院、政府办公楼、公园等公用和公益型房地产，以及机场、码头、发电厂等设计具有独特性或针对特殊需要而建造的房地产。重置成本法不适用建筑物过于老旧的房地产评估，此类房地产的重置成本和损耗难以估算，无法判断评估的合理性。

三、新开发土地的评估步骤

新开发土地包括填海造田、开山造田、征用农地并进行“三通一平”等基础设施建设后的土地，以及在旧城区进行改造开发的土地。在这些情况下，重置成本法的计算公式如下：

新开发土地价格＝取得待开发土地的成本＋土地开发成本＋管理费用

＋销售费用＋投资利息＋销售税费＋开发利润

（一）估算取得待开发土地的成本

待开发土地的取得成本估算取决于土地是如何获取的，如果是向农村集体经济组织征收取得，土地成本应包括耕地或其他土地补偿费、安置补助费、青苗和地上附着物补偿费、新菜地开发建设基金及土地使用权出让金等；若是通过国家城镇土地使用权出让取得的，土地取得成本包括拆迁安置补偿费和土地使用权出让金。上述费用标准按照国家有关法律法规以及地方的相关规定进行测算。

（二）估算土地开发成本

（1）基础设施建设费，包括道路、电力、给水、排水、通信等工程建设费用，也称“七通一平”费用。

（2）公共配套设施建设费，主要包括学校、公园、绿地、小区外的市政设施建设等费用。各地区情况不一，一般根据项目大小和用地规模加以确定。

（三）估算管理费用

管理费用包括土地开发过程中的管理人员工资、办公费、差旅费、固定资产使用费等，以土地取得成本和开发成本之和的一定比例（如4%）计算。

（四）估算销售费用

销售费用也称为销售成本，是指预售或销售开发完成后的房地产的必要支出，包括广告费、销售资料制作费、售楼处建设费、样板房或样板间建设费、销售人员费用或者销售代理费等。为便于投资利息的测算，销售费用应区分为销售之前发生的费用和与销售同时发生的费用。广告费、销售资料制作费、售楼处建设费、样板房或样板间建设费一般是在销售之前发生的，销售代理费一般是与销售同时发生的。销售费用通常按照开发完成后的房地产价值的一定比例来测算，如为开发完成后的房地产价值的3%。

（五）估算投资利息

不管是自有资金还是借入资金，均应计算利息。占用资金所支付的利息，计算基数包括土地取得成本、开发成本、管理费用和销售费用。一般来说，土地取得成本是一次性投入，计息期为整个开发周期，开发成本、管理费用和销售费用的计息期视具体情况而定。

（六）估算销售税费

销售税费是指预售或销售完成后的房地产应由卖方（此处为房地产开发企业）缴纳的税费，包括城市维护建设税、教育费附加等以及其他应由开发商负担的税费（如印花税等）。

（七）估算开发利润

开发利润可根据土地开发的平均利润水平并结合委估对象的具体情况来确定。计算利润时要注意所用利润率与其计算基数的一致性。

四、新建房地产的评估步骤

新建房地产情况下，重置成本法的计算公式如下：

新建房地产价格＝土地取得成本＋土地开发成本＋建筑物建造成本＋
　　　　　　　　管理费用＋销售费用＋投资利息＋销售税费＋开发利润

新建建筑物情况下：

新建建筑物价格＝建筑物建造成本＋管理费用＋销售费用＋投资利息＋
　　　　　　　　销售税费＋开发利润

（一）估算土地取得成本

土地取得成本包括土地出让金或地价款、征地补偿费或拆迁安置补偿费、有关取得土地的手续费和税金。土地取得成本最终取决于土地如何取得及取得的土地的开发程度。

（二）估算土地开发成本和建筑物建造成本

土地开发成本和建筑物建造成本可统称为开发成本。土地的开发成本与其开发程度有关。土地的开发程度通常分为生地（已征用但尚未进行“三通一平”或“七通一平”，不具有城市基础设施的土地，如农地、荒地）、毛地（具有一定的城市基础设施，但尚未拆除房屋或尚未进行安置补偿的土地）、熟地（具有较完善的城市基础设施且完成场地平整，可以直接在其上进行房屋建设的土地）。这里，按照基础设施完备程度和场地平整程度，熟地又可分为“三通一平”“五通一平”“七通一平”等土地。“三通一平”一般是指通路、通水、通电以及场地平整，“五通一平”一般是指具备道路、给水、排水、电力、通信等基础设施条件以及场地平整；“七通一平”一般是指具备道路、给水、排水、电力、通信、燃气、供热等基础设施条件以及场地平整。

（三）估算管理费用

管理费用是为管理和组织房地产开发经营活动而发生的各项费用，包括土地开发和建筑物建造过程中的管理人员工资、办公费、差旅费等，可按照土地取得成本和开发成本之和的一定比例测算。

（四）估算销售费用

销售费用是指预售未来开发完成的房地产或销售开发完成后的房地产所需要的费用，一般包括广告费、销售资料制作费、售楼处建设费、样板房建设费、销售人员工资及办公费、销售代理费及其他销售过程中发生的费用，一般可按售价的一定比例估算。

（五）估算投资利息

开发商的开发资金无论是自有资金还是借贷资金，均应计算投资利息。投资利息的计算基数为土地取得成本、开发成本、管理费用和销售费用。

（六）估算销售税费

销售税费是销售开发完成后房地产所需的费用和应由开发商缴纳的税费，一般包括：

（1）销售税金及附加，包括应缴纳的增值税、城市维护建设税、教育费附加等。

（2）其他销售税费，包括应由开发商负担的印花税、交易手续费、产权转移登记费、保修期内的维修费等。

销售税费可根据税法和政府的有关收费标准来测算。

（七）估算开发利润

开发利润是正常条件下，房地产开发商能获得的平均税前利润，而非个别开发商获得的实际利润或期望利润。开发利润计算的常用公式如下：

投资利润率＝开发利润 ÷（土地取得成本＋开发成本＋管理费用＋销售费用）

成本利润率＝开发利润 ÷（土地取得成本＋开发成本＋管理费用＋销售费用＋投资利息）

销售利润率＝开发利润 ÷（土地取得成本＋开发成本＋管理费用＋销售费用＋投资利息＋销售税费＋开发利润）

五、旧房地产的评估步骤

评估旧房地产，计算公式如下：

旧房地产价格＝土地的重新取得价格或重新开发成本＋建筑物的重新购建价格－建筑物贬值

评估旧建筑物，计算公式如下：

旧建筑物价格＝建筑物的重新购建价格－建筑物贬值

（一）估算重新购建价格

重新购建价格是假设在评估基准日重新取得或重新开发、重新建造全新状态的评估对象所需的一切合理的、必要的费用、税金以及应得利润之和。

建筑物的重新购建价格是全新状况的建筑物的重新购建成本，土地的重新购建成本是价值时点状况的土地的重新购建成本。因此，建筑物的重新购建成本中未扣除建筑物的折旧，但土地的减值和增值因素却已考虑在土地的重新购建成本中了。例如，一宗土地是 8 年前取得的住宅用地，法定使用年限最高是 70 年，则其重新购建价格不是求其 8 年前的土地使用权价格，而是求其剩余 62 年建设用地在现在时点的价格。具体来看，求取土地的重新购建价格时，通常假设土地上的建筑物不存在，其余状况均维持不变，采用市场法、基准地价修正法求得重新购入价格。

建筑物的重新购建价格，是假设该建筑物所占用的土地已取得且为空地，其余状况不变，然后在此空地上重新建造该建筑物或具有同等效用的新建筑物所必需的支出和正常利润。建筑物的重新购建价格有复原重新购建价格（复原重置全价）和更新重置购建价格（更新重置全价）之分。复原重新购建价格是采用与评估对象相同的建筑材料、建筑构配件、建筑设备、建筑技术和工艺等，按照评估基准日的有关费用标准和价格水平，重建与评估对象建筑物相同的新建筑物的正常合理价格；更新重置购建价格是采用评估基准日的建筑材料、建筑构配件、建筑设备、建筑技术和工艺等，按照评估基准日的有关费用标准和价格水平，重建与评估对象建筑物效用相同的新建筑物的正常合理价格。一般来说，复原重新购建价格适用于有特殊保护价值的建筑物的评估。而更新重新购建价格适用于一般建筑物和因年代久远、已缺乏与旧建筑物相同的建筑材料、建筑构配件和建筑设备，或因建筑技术和建筑标准已改变等，使旧建筑物复原建造有困难的建筑物的评估。

求建筑物重新购建价格的具体方法，可根据其中建筑安装工程费的方法来区分，有单位比较法、分部分项法、工料测量法与指数调整法。

1. 单位比较法

单位比较法是以估价对象建筑物为整体，选取某种与该类建筑物的建筑安装工程费密切相关的计量单位（如单位建筑面积、单位体积、延长米等）作为比较单位，然后调查、了解在估价时点的近期建成的类似建筑物的这种单位的建筑安装工程费，并对其进行适当的修正、调整，再加上相应的专业费用、管理费用、销售费用、投资利息、销售税费和开发利润，来求估价对象建筑物重新购建价格的方法。单位比较法实质上是一种市场法。单位比较法主要有单位面积法和单位体积法。

【例 5-1】某幢房屋的建筑面积为 300m²，该类用途、建筑结构和档次的房屋的单位建筑面积建筑安装工程费为 1 200 元 /m²，专业费用为建筑安装工程费的 8%，管理费用为建筑安装工程费与专业费用之和的 3%，销售费用为重新购建价格的 4%，建设期为 6 个月，所有费用可视为在建设期内均匀投入，年利率为 6%（以建安费用、专用费用、管理费用及销售费用等计），开发商成本利润率为 15%，销售税费为重新购建价格的 6%。请计算该房屋的重新购建价格。

设该房屋单位建筑面积的重新购建价格为 VB，则

（1）建筑安装工程费 = 1 200（元 /m²）

（2）专业费用 = 1 200×8% =96（元 /m²）

（3）管理费用 =（1 200+96）×3% =38.88（元 /m²）

（4）销售费用 = VB×4% =0.04VB（元 /m²）

（5）投资利息 =（1 200+96+38.88+0.04VB）×[（1+6%）$^{0.25}$–1]=19.59+ 0.000 6VB（元 /m²）

（6）销售税费 = VB×6% =0.06VB（元 /m²）

（7）开发利润 =（1 200+96+38.88+0.04VB+19.59+0.000 6VB）×15% = 203.17+0.006 1VB（元 /m²）

（8）VB = 1 200+96+38.88+0.04VB+19.59+0.000 6VB+0.06VB+203.17+0.006 1VB

VB = 1 743.69（元 /m²）

重新购建总价 = 1 743.69×300=52.31（万元）

2. 分部分项法

分部分项法是先假设将估价对象建筑物分解为各个独立的构件或分部分项工程，并测算每个独立构件或分部分项工程的数量，然后调查、了解估价时点时的各个独立构件或分部分项工程的单位价格或成本，最后将各个独立构件或分部分项工程的数量乘以相应的单位价格或成本后相加，再加上相应的专业费用、管理费用、销售费用、投资利息、销售税费和开发利润，来求建筑物重新购建价格的方法。

在运用分部分项法测算建筑物的重新购建价格时，需要注意以下两点：

（1）应结合各个构件或分部分项工程的特点使用计量单位，有的要用面积，有的要用体积，有的要用长度，有的要用容量（如千瓦、千伏安）。例如，基础工程的计量单位通常为体积，墙面抹灰工程的计量单位通常为面积，楼梯栏杆工程的计量单位通常为延长米。

（2）既不要漏项也不要重复计算，以免造成测算不准。

3. 工料测量法

工料测量法的优点是详细、准确，缺点是比较费时。工料测量法是先假设将估价对象建筑物还原为建筑材料、建筑构配件和设备，并测算重新建造该建筑物所需要的建筑材料、建筑构配件、设备的种类、数量和人工时数，然后调查、了解估价时点时相应的建筑材料、建筑构配件、设备的单价和人工费标准，最后将各种建筑材料、建筑构配件、设备的数量和人工时数乘以相应的单价和人工费标准后相加，再加上相应的专业费用、管理费用、销售费用、投资利息、销售税费和开发利润，来求建筑物重新购建价格的方法，并需要其他专家（如建筑师、造价工程师）的参与，它主要用于求具有历史价值的建筑物的重新购建价格。

4. 指数调整法

指数调整法也称为成本指数趋势法，是利用有关成本指数或变动率，将估价对象建筑物的历史成本调整到估价时点的成本来求取建筑物重新购建价格的方法。这种方法主要用于检验其他方法的测算结果。将历史成本调整到估价时点的成本的具体方法，与市场法中市场状况调整的方法相同。

（二）估算建筑物的损耗

建筑物损耗包括实体性、功能性和经济性损耗三种。有时很难确定建筑价值的损耗是功能性的还是经济性的。建筑物的损耗测算主要可采用年限法和打分法。

1. 年限法

年限法是把建筑物的损耗建立在建筑物的寿命、已使用年限或剩余寿命之间内在关系的基础之上，其计算公式如下：

$$\text{建筑物损耗率}=\frac{\text{建筑物实际已使用年限}}{\text{建筑物实际已使用年限}+\text{建筑物尚可使用年限}}\times 100\%$$

$$\text{建筑物成新率}=\frac{\text{建筑物尚可使用年限}}{\text{建筑物实际已使用年限}+\text{建筑物尚可使用年限}}\times 100\%$$

2. 打分法

打分法也称观察法，是评估人员借助于建筑物成新率的评分标准，包括建筑物整体成新率评分标准和不同构成部分的评分标准，根据建筑物的实际状况进行对照打分，可得出成新率。

建筑物成新率的评分标准可考虑和借鉴城乡建设环境保护部于 1984 年 11 月 8 日颁布的《房屋完损等级评分标准》，它根据房屋的结构、装修和设备等的完好程度将房屋划分为五个等级：①完好房，是指成新率大于 80% 的房屋，房屋结构、装修、设备齐全，使用良好；②基本完好房，是指成新率在 60%~79% 的房屋，房屋结构、装修、设计基本完好，成色较旧或轻微损坏；③一般损坏房，是指成新率在 40%~59%，结构、装修、设备有部分损坏和老化的房屋，需进行修理；④严重损坏房，是指成新率在 39% 以下的房屋，房屋结构、装修、设备有明显的损坏、变形且不齐全，需进行大量翻修；⑤危房，是指房屋结构已处于危险状态，随时可能倒塌。

房屋评估的结构部分包括地基、承重构件、非承重构件、屋顶、楼地面；装修部分包括门窗、外抹灰、内抹灰、顶棚和细木装修；设备部分包括水电、暖气等。

用打分法估算建筑物成新率的数学表达式如下：

$$成新率=结构部分合计得分\times G+装修部分合计得分\times S+设备部分合计得分\times B$$

式中，G 为结构部分的评分修正系数；S 为装修部分的评分修正系数；B 为设备部分的评分修正系数。

【例 5-2】某地块面积为 60 000m^2，是通过城镇土地出让而取得的，出让金为 10 万元 / 亩，拆迁费 15 万元 / 亩，开发费 3 亿元 /km^2，管理费等其他费用（包括税费）3 万元 / 亩，土地开发周期为 2 年，第 1 年投入资金占总开发费的 60%，目前市场上地产开发的投资利润率为 10%，银行贷款利率为 6%，试评估该土地经开发后的价格（1 亩 =666m^2）。

解：

（1）估算土地取得成本：

土地取得成本 = 出让金 + 拆迁费

=10+15=25（万元 / 亩）=375（元 /m^2）

（2）估算土地开发成本：

土地开发成本 = 开发费 + 其他费用

=3（亿元 /km^2）+3（万元 / 亩）=300（元 /m^2）+45（元 /m^2）

=345（元 /m^2）

（3）估算投资利息：

假定土地取得成本为一次性投入，计息期为 2 年，土地开发成本分阶段均匀投入，则：

投资利息 =375×[（1+6%）^{2}–1]+345×60%×[（1+6%）$^{1.5}$–1]+345×40%×[（1+6%）$^{0.5}$–1]

=46.35+18.84+4.14

=69.33（元 /m^2）

（4）估算开发利润：

开发利润 =（375+345）×10%=72（元 /m^2）

（5）估算土地价格：

土地单价 =375+345+69.33+72=861.33（元 /m^2）

土地总价 =861.33×60 000=51 679 800（元）

该土地经开发后的价格为 51 679 800 元。

第四节 房地产评估的收益法

一、基本思路及适用条件

收益法又称收益还原法，是取得评估对象未来的正常净收益后，再选用适当的折现率将其折现到评估基准日后累加，以此估算房地产的客观合理价格或价值的方法。该方法是评估房地产价格的一种主要方法，被广泛用于收益性房地产的评估。

收益法适用于有收益或有潜在收益，风险及未来收益年限都可以预期和量化的房地产项目。政府办公楼、学校、医院等社会公用房地产一般不适用收益法。

二、各参数的估算

收益法涉及的基本参数有三个：净收益、折现率（资本化率）和收益期限。

（一）净收益的估算

房地产的客观净收益是指房地产在正常市场条件下，被法律法规允许的最佳利用方式上的净收益，其计算公式如下：

$$\begin{aligned}净收益 &= 潜在毛收入 - 空置等造成的收入损失 - 营运费用 \\ &= 有效毛收入 - 营运费用\end{aligned}$$

潜在毛收入、有效毛收入、营运费用、净收益一般以年度计算。潜在毛收入是假设房地产在充分利用、无空置状态下能够获得的收入。

营运费用不同于会计上的成本费用，是维持房地产正常经营使用所支付的费用以及归属于其他资本的收益，主要有维修费、管理费、物业费、水电费、房屋保险费、房地产税等，不包括房地产折旧额（建筑物折旧费、土地摊销费）、房地产抵押还本付息额、改扩建费用和所得税。另外，建筑物中的某些设备、装修（如电梯、空调、锅炉等）经济寿命短于整体建筑物，当为了房地产正常使用需要进行更换时存在的重新购置成本，从而产生的折旧费应包含在营运费用中。

净收益的具体估算因评估对象的收益类型不同而有所不同，可归纳为以下几种情况：

1. 出租型房地产净收益的估算

出租型房地产包括出租的住宅、写字楼、标准厂房和仓库等，其净收益通常为租赁收入扣除维修费、管理费、保险费、房地产税和租赁代理费后的余额。租赁收入包括租金收入和租赁保证金或押金的利息收入。实际估算时，通常根据租约确定扣除的费用项目，如果租约中约定保证房地产正常使用的费用由出租人承担，则将其全部扣除。

2. 直接经营型房地产净收益的估算

（1）商业用房地产的净收益应根据经营资料进行估算，是商品销售收入扣除商品销售成本、经营费用、商品销售税金及附加、管理费用、财务费用和商业利润后的余额。

（2）工业用房地产，应根据产品的市场价格、原材料和人工费用等测算净收益，净收益为产品销售收入扣除生产成本、产品销售费用、销售税金及附加、管理费用、财务费用和厂商利润的余额。

3. 自用或未使用房地产净收益的估算

自用或未使用房地产，可以参照同一市场上有收益的类似房地产的有关资料按上述对应方式计算净收益，也可以直接比较得出。

（二）资本化率的估算

资本化率是将房地产的净收益转换成价值的比率，实质上是房地产投资的收益率（或期望报酬率）。由于不同地区、不同时期、不同用途的房地产投资风险存在差异，资本化率也会有所不同。在实际操作中，一般可用下列方法求取资本化率。

1. 净收益与价格比率法

具体是指通过搜集同一市场上类似房地产（一般3例以上）的净收益、价格等资料，选用相应的收益法计算公式，求出资本化率。例如，通过市场调查取得以下3个房地产的可比实例（见表5-1）。

表5-1 可比交易实例

交易实例	净收益（元/年）	价格（万元）	收 益 率
1	12	106	11.3%
2	23	190	12.1%
3	10	87	11.5%

对以上可比实例的收益率进行简单算术平均，可得此类房地产的平均收益率：

$$平均收益率=\frac{11.3\%+12.1\%+11.5\%}{3}=11.6\%$$

因此，资本化率定为11.6%。

2. 累加法

累加法是以无风险报酬率为基础，再加上风险调整值作为资本化率的方法，其计算公式如下：

$$资本化率=无风险报酬率+风险调整值$$

无风险报酬率是资金的机会成本，也称安全利率，一般可选用同时期的一年期国债利率或定期存款利率。风险调整值是指承担额外风险的补偿，根据评估对象房地产的经济社会环境、投资风险等来确定。

3. 排序插入法

这种方法的基本思路是，搜集社会上各种类型投资及其收益率的资料，按收益率大小进行排序并制成图表，评估人员再根据经验判断待估房地产的资本化率应在哪个范围内，从而确定出所要求的资本化率。

（三）收益期限的确定

收益期限是评估对象自估价时点起计算的未来可获得收益的时间，应根据具体评估房地产自然寿命、土地使用权最高年限、合同约定等，结合剩余经济寿命进行确定。

对于以单独的土地和单纯的建筑物作为评估对象的，应分别根据土地使用权年限和建筑物经济寿命确定未来可获收益的期限。

对于以土地与建筑物合成体作为评估对象的，如果建筑物的经济寿命长于或与土地使用权年限相同，则根据土地使用权年限确定未来可获收益的期限。

建筑物的经济寿命短于土地使用权年限，则一般可采用以下两种方法处理：

（1）先根据建筑物的经济寿命确定未来可获收益的期限，然后再加上土地使用权年限超出建筑物经济寿命的土地剩余使用年限价值的折现值。

（2）将未来可获收益的期限设想为无限期，则在计算净收益时应扣除建筑物的折旧费和土地费用的摊销。

三、收益法的评估步骤

运用收益法评估一般有下列步骤：

（1）收集有关房地产收入和费用的资料；

（2）估算潜在毛收入；

（3）估算有效毛收入；

（4）估算营运费用；

（5）估算净收益；

（6）选择和确定适当的资本化率或折现率；

（7）选用适宜的计算公式求出收益价格。

【例 5-3】某房地产公司于 2002 年 2 月以出让方式取得一宗土地 50 年的使用权，并于 2005 年 2 月在此地块上建成一座钢混结构的写字楼，当时造价为每平方米 3 800 元，经济耐用年限为 60 年。目前，该类型建筑的重置价格为每平方米 4 200 元。该大楼总建筑面积为 5 000m²，全部用于出租。据调查，当地同类型写字楼的租金一般为 2 元 /m²·天，空置率为 10% 左右，每年需支付的管理费用一般为年有效毛租金（以下同）的 3.5%，维修费为建筑物重置价的 1.5%，房产税为租金收入的 12%，其他税为租金收入的 6%，保险费为建筑物重置价的 0.2%，资本化率确定为 8%。试根据以上资料评估该写字楼在 2008 年 2 月的价格。

解：

（1）估算年有效毛收入，每年按 365 天计算，则：

年有效毛收入 =2×365×5 000×（1–10%）=328.5（万元）

（2）估算年营运费用：

年管理费 =328.5×3.5%=11.5（万元）

年维修费 =4 200×5 000×1.5%=31.5（万元）

年保险费 =4 200×5 000×0.2%=4.2（万元）

年税金 =328.5×（12%+6%）=59.13（万元）

年营运费用 =11.5+31.5+4.2+59.13=106.33（万元）

（3）估算净收益：

年净收益 = 年有效毛收入 – 年营运费用 =328.5–106.33=222.17（万元）

（4）计算房地产价格：

剩余收益期限 = 使用期限 – 已使用期限 =44（年）

$$房地产价格=\frac{222.17}{8\%}\times\left[1-\frac{1}{(1+8\%)^{44}}\right]=2\,683.16（万元）$$

评估单价 =2 683.16÷5 000=0.536 6（万元 / 平方米）

（5）评估结果：

该房地产在 2008 年 2 月的评估价值为 2 683.16 万元，评估单价为 5 366 元。

第五节　房地产评估的市场法

一、基本思路及适用条件

市场法又称现行市价法，在评估行业也被称作房地产的市场比较法，是指在求取被估房地产价格时，将被估房地产与近期内市场上已经发生了交易的类似房地产加以比较对照，对已发生了交易的类似房地产的已知价格进行调整修正，得出被估房地产合理价格的一种评估方法。

市场法是以商品交易的替代原理为理论依据。房地产的市场交易价格必然受到与其效用相同的替代性房地产价格的影响，在完全竞争的市场上，它们的价格水平会趋于一致。

因此，用已发生的交易实例房地产价格来推算被估房地产的价格是可行的。

市场法的依据是实际的市场交易价格，在房地产交易量大、市场完善的情况下，其可靠性更高。可以用下列公式来表示：

被估房地产价格＝交易实例单价×（1± 交易实例差异因素调整率）×（1+ 期间房地产价格上涨率）×被估房地产面积

在实际操作中，一般可将差异因素进行归类，主要包括：交易情况差异、区域因素差异、个别因素差异和交易时间差异四类。

市场法的公式如下：

被估房地产价格＝交易实例单价×交易情况修正系数×区域因素修正系数×个别因素修正系数×交易时间修正系数×被估房地产面积

运用市场法评估房地产价值时，参照房地产需要符合下列条件：

（1）与被估房地产的用途相同，这种用途主要是指大类用途，如果能做到小类用途相同则更好。

（2）与被估房地产所处的地区应相同，或在同一供求范围内的类似地区。

（3）与被估房地产的价值类型应相同，或者是引起交易的原因或性质要基本相同，不同的交易目的会产生不同的交易价格，由于交易目的不同所造成的价格之间的差异往往难以比较修正。

（4）与被估房地产的建筑结构要相同或相似。

（5）与被估房地产的评估基准日应接近，一般来说，交易实例发生的时间与被估房地产的评估基准日越接近越好，如果房地产市场相对稳定，则交易实例的交易发生日期到评估基准日的时间可以长一些，但应尽可能采用与评估基准日接近的交易实例。

（6）交易实例必须为正常交易或可修正为正常交易，所谓正常交易，是指交易应是公开、平等、自愿的，其所形成的交易价格可以看成是对市场价格的反映。

（7）与被估房地产的筹资条件相似，筹资条件对房地产成交价格影响甚大，不同的融资条件对应于不同的成交价格。

二、各参数的估算

被估对象与交易实例之间的差异因素修正主要包括以下几个方面。

1. 交易情况修正

由于房地产价格存在个别性，采用市场法时需要对交易实例进行修正，将个别因素造成的价格偏差剔除，造成交易价格偏离的因素主要包括：

（1）有特殊利害关系的经济主体间的交易，如亲友之间、母子公司之间、公司与其员工之间，通常以低于正常市价的价格成交。

（2）交易时有特殊动机，如急于购买或出售。

（3）交易双方或某一方对市场行情不了解，如买方盲目购买时，成交价格会偏高。

（4）拍卖、招标等特殊的交易方式，房地产的正常价格应通过充分的讨价还价而形成，但拍卖、招标等方式易受到现场氛围的影响，从而导致价格失常。

（5）购买相邻房地产，由于该相邻房地产与原有房地产合并后会增加原持有房地产的效用，相邻房地产持有者会因此抬高价格，迫使购买者以高于正常市场的价格购买，所以成交价格往往高于该房地产单独存在时的正常价格。

（6）特殊方式的交易，如拍卖、招标等。房地产正常价格的形成应该是买卖双方经过讨价还价的协议方式达成的，但在拍卖、招标过程中容易受到现场气氛、情绪影响而使价格失常。

（7）交易税费转嫁，如土地增值税本应由卖方负担，却转嫁给了买方；交易手续费本应由双方各负担一部分，却转嫁给了某一方；契税本应由买方负担，却转嫁给了卖方。

（8）其他特殊交易情形，如交易时附带所谓的“价格费用”。

对上述特殊的交易情况，需测定其交易价格与正常价格的偏差，并且进行修正，其计算公式如下：

$$\text{交易实例正常价格}=\text{交易实例价格}\times\text{交易情况修正系数}$$

其中

$$\text{交易情况修正系数}=\frac{100}{\text{交易实例交易情况指数}}$$

正常情况对价格的影响程度为100，非正常情况对价格的影响程度可能大于100，也可能小于100。则

$$\text{正常价格}=\text{交易实例价格}\times\frac{100}{(\quad)}$$

2. 交易日期（时间）修正

可比实例的交易日期与评估基准日存在时间差，期间房地产价格可能发生变化，需要将交易实例在成交日的价格修正到评估基准日的价格。

交易日期的修正方法，一般采用价格指数或变动率。交易日期的修正公式如下：

$$\text{交易实例评估基准日价格}=\text{交易实例价格}\times\text{交易时间修正系数}$$

交易时间修正系数通常以交易日的价格为基准，则

$$\text{评估基准日价格}=\text{交易实例价格}\times\frac{\text{评估基准日价格指数}}{\text{交易当时价格指数}}=\text{交易实例价格}\times\frac{(\quad)}{100}$$

3. 区域因素修正

区域因素修正主要包括交通、治安、周围环境、城市规划和配套设施等。房地产的用

途不同，影响房地产价格的区域因素也不同，如工业区注重交通运输，住宅区重视安全舒适等。

区域因素修正计算公式如下：

$$评估对象区域下的价格=交易实例价格\times区域因素修正系数$$

若采用直接比较法，以评估对象的区域因素为基准，交易实例的区域因素与之比较进行打分，则

$$评估对象区域下的价格=交易实例价格\times\frac{100}{(\quad)}$$

若采用间接比较法进行修正，标准区域状况为100，则

$$评估对象区域下的价格=交易实例价格\times\frac{标准状况}{实例状况}\times\frac{评估对象状况}{标准状况}$$

$$评估对象区域下的价格=交易实例价格\times\frac{100}{(\quad)}\times\frac{(\quad)}{100}$$

4. 个别因素修正

个别因素修正的内容包括土地面积、位置、土地容积率、建筑结构、内部设施、土地使用年限等，对每项个别因素进行分析后可求出修正系数。以评估对象房地产的状况为标准，计算公式如下：

$$评估对象状况下的价格=交易实例价格\times个别因素修正系数$$

即

$$评估对象状况下的价格=交易实例价格\times\frac{100}{交易实例个别因素得分}$$

个别因素中，土地使用权的修正系数可通过以下公式算：

$$年限修正系数=\frac{1-\frac{1}{(1+r)^m}}{1-\frac{1}{(1+r)^n}}$$

式中，m 为评估对象土地的剩余使用年限；n 为交易实例的使用权剩余年限；r 为资本化率。

5. 确定比准价格

经过对上述各种因素的修正，可把某一交易实例价格转化为被估对象的价格，这一价格一般称比准价格，公式如下：

$$被估对象价格=交易实例价格\times\frac{100}{(\quad)}\times\frac{(\quad)}{100}\times\frac{100}{(\quad)}\times\frac{100}{(\quad)}$$

6. 被估房地产价值的确定

由于用来比较参照的交易实例有多个（一般应在 3 个以上），通过修正后每个交易实例都得出一个比准价格，这些比准价格可能存在差异，所以需要对每个交易实例修正后的结果进行分析，最终给出评估结论。

【例 5-4】评估某商业用房，面积为 500m²。评估目的是企业联营，故采用公允市价标准。评估基准日为 2012 年 12 月 31 日。评估人员在房地产交易市场上找到三个与评估基准日接近的商业用房的交易案例，具体情况如表 5-2 所示。

表 5-2　参照商业用房交易案例

参 照 物	A	B	C
成交价格（元 /m²）	8 000	9 800	9 590
成交日期	2016.8	2016.11	2016.12
区域条件	比被评估资产好	比被评估资产好	比被评估资产好
交易情况	正常	高于市价 4%	正常
剩余使用年限（年）	35	35	35

该商业用房与三个参照物新旧程度相近，结构也相似，故无须对功能因素和成新率因素进行调整。三个参照物所在区域条件均比被评估资产所在区域好，综合评分为 107。当时房产价格月上涨率为 4%，故参照物 A 的时间因素调整系数为（1+4%）^{4}=117%；参照物 B 的时间因素调整系数为 1+4%=104%；参照物 C 因在评估基准日当月交易，故无须调整（见表 5-3）。

表 5-3　参照物成交价的调整过程

参 照 物	A	B	C
交易单价（元 /m²）	8 000	9 800	9 590
时间因素修正	$\frac{117}{100}$	$\frac{104}{100}$	$\frac{100}{100}$
区域因素修正	$\frac{100}{107}$	$\frac{100}{107}$	$\frac{100}{107}$
交易情况修正	$\frac{100}{100}$	$\frac{100}{104}$	$\frac{100}{100}$
个别因素修正	$\frac{100}{100}$	$\frac{100}{100}$	$\frac{100}{100}$
修正后的价格（元）	8 747.66	9 158.87	8 878.50

被评估资产的单价 =（8 747.66+9 158.87+8 878.50）÷ 3 = 8 928.33（元 /m²）

被评估资产总价 = 8 928.33×500 = 4 464 165（元）

三、市场法的评估步骤

与其他评估方法相比，市场法更直接依赖于现实的市场价格资料与房地产的品质资料，更符合当事人的行为方式。因此，在房地产市场比较发达、交易活跃、存在大量房地产交易实例的情况下，市场法被认为是一种说服力强、可靠性好、适用范围广的基本评估方法。运用市场法评估房地产的步骤如下。

（一）踏勘被估房地产

运用市场法首先要对被估房地产的环境、位置、基础设施、建筑结构和设备等状况进行实地踏勘，便于进一步搜集资料。

（二）搜集较充分的房地产资料

市场法评估房地产价值需要较多的交易资料，通常包括房地产的位置、用途、产权、周围环境等基本情况，以及成交日期、成交价格、交易方式等资料。评估人员应将收集的内容按统一表格填写，并验证其真实性。

（三）选取可供比较参照的交易实例

供比较参照的交易实例应符合下列条件：

（1）与被估房地产的用途相同，此处的用途主要是指住宅、商业、工业等大类用途，小类用途相同则更符合。

（2）与被估房地产处在相同地区或同一供求范围内。

（3）与被估房地产的价值类型应相同。

（4）与被估房地产的建筑结构要相同或相似。大类的建筑主要分为钢结构、钢筋混凝土结构、砖木结构、砖混结构、简易结构等。

（5）与被估房地产的评估基准日接近。通常来说，交易实例的交易日与评估基准日之间的间隔越小越好。房地产市场相对稳定时，较早发生的交易实例也具有参考价值。一般来说，不宜采用间隔超过一年的交易实例。

（6）交易实例必须为正常交易或可修正为正常交易。正常交易指的是公开、平等、自愿的交易，正常交易形成的交易价格能够反映市场状况。

（7）与被估房地产的筹资条件相似。筹资条件包括贷款利率、期限以及偿还方式等，如卖方可能提供分期付款，对成交价格影响较大。

（四）建立价格可比基础

选取可比实例后，应将交易实例的价格进行换算以便修正。可比基础包括：①统一付款方式，通常将分期付款的交易实例价格折算为交易日一次付清的价款；②统一采用单价，房地产及建筑物一般采用单位建筑面积或使用面积的价格，土地通常使用楼面地价；③统一货币单位，一般为人民币为基准；④统一面积单位，国内通常采用平方米；⑤统一面积内涵，一般按建筑面积计价。

（五）被估房地产与交易实例之间差异因素的比较和修正

按以上步骤获得交易实例价格后，首先将可比交易实例在自身状况下的价格（交易实例价格）调整为在标准房地产状况下的价格，然后再将可比实例在标准房地产状况下的价格调整为在估价对象状况下的价格，最终就可以把某一交易实例价格转化为被评估实例在估价对象状况下的价格，即比准价格，公式如下：

$$交易实例比准价格=交易实例价格\times\frac{100}{(\quad)}\times\frac{(\quad)}{100}$$

（六）被估房地产价格的确定

由于用来比较参照的交易实例有多个（一般应在 3 个以上），通过修正后每个交易实例都可得出一个比准价格，这些比准价格可能存在差异，所以需要对每个交易实例修正后的结果进行分析，最后需要综合求出一个价格作为被评估房地产的价值。

【例 5-5】待评估宗地为一块商业用途的空地，面积为 3 000m²，要求评估其 2002 年 12 月的公开市场价格。评估人员通过收集有关数据资料（过程略），选出 3 个交易实例（A、B、C）作为比较参照物，交易实例的有关情况如表 5-4 所示。

表 5-4 交易实例及评估对象具体情况

	A	B	C	待估对象
坐 落	略	略	略	略
所处地区	繁华区	繁华区	繁华区	繁华区
用 途	商业	商业	商业	商业
土地类型	熟地	熟地	熟地	熟地
价格（元 /m²）	1 550	1 200	1 400	
交易时间	2002 年 10 月	2001 年 12 月	2002 年 5 月	2002 年 12 月
面积（m²）	1 800	2 000	2 200	3 000
形 状	规则	规则	规则	规则
地 势	平坦	平坦	平坦	平坦
地 质	普通	普通	普通	普通
基础设施	完备	完备	完备	完备
交通状况	很好	很好	很好	很好
剩余使用年限（年）	35	30	35	30
容 积 率	5	4.5	4.5	5

（1）进行交易情况修正。评估人员未发现特殊的交易情况，所以不需要修正。

（2）进行交易时间修正。据调查，2002 年 1 月以来，土地价格平均每月上涨 1%，则：

交易实例 A 的交易时间修正系数 $=\frac{102}{100}=1.02$

交易实例 B 的交易时间修正系数 $=\frac{113}{100}=1.13$

交易实例 C 的交易时间修正系数 $=\frac{107}{100}=1.07$

（3）进行区域因素修正。交易实例 A 与待估对象处于同一区域，无须进行区域因素修正。交易实例 B、C 的区域因素修正采用打分法，可参照表 5-3 的有关数据判断。

表 5-5 以评估对象的区域因素为基准，分值为 100，则调整后的区域修正值如下：

交易实例 B 的区域修正系数 $=\frac{100}{86}=1.163$

交易实例 C 的区域修正系数 $=\frac{100}{93}=1.075$

表 5-5　区域因素修正

区域因素	B	分值	C	分值
自然条件	相同	10	相同	10
社会环境	相同	10	相同	10
街道条件	稍差	8	相同	10
繁华程度	稍差	7	稍差	7
交通便捷度	稍差	8	稍差	8
规划限制	相同	10	相同	10
交通管制	相同	10	相同	10
离公交站点距离	稍远	7	相同	10
交通流量	稍少	8	稍少	8
周围环境	较差	8	相同	10

（4）进行个别因素修正：

①关于面积因素的修正。由于评估对象的面积大于交易实例的面积，大面积的商业用地便于充分利用。经过分析确定，评估对象的价格比交易实例价格高出 3%。

②关于土地使用权年限因素的修正。交易实例 B 与评估对象的土地使用年限相同，交易实例 A 和 C 需要进行使用年限修正（假定资本化率为 8%）。

交易实例 A、C 的使用年限修正系数 $=\left[1-\frac{1}{(1+8\%)^{30}}\right]\div\left[1-\frac{1}{(1+8\%)^{35}}\right]=0.965\ 9$

③关于容积率因素的修正。交易实例 B 和 C 的容积率与评估对象不同，应进行修正。经过搜集资料和统计分析，容积率为 4~5 时，容积率每增加 0.1，地价上升 2%，则：

$$交易实例B、C的容积率修正系数=\frac{110}{100}=1.1$$

综上，个别因素修正系数：

交易实例 A 的个别修正因素系数 =1.03×0.965 9×1.0=0.995

交易实例 B 的个别修正因素系数 =1.03×1.0×1.1=1.133

交易实例 C 的个别修正因素系数 =1.03×0.965 9×1.1=1.094

（5）计算比准价格：

A=1 550×1.0×1.02×1.0×0.995=1 573（元 /m²）

B=1 200×1.0×1.13×1.163×1.133=1 787（元 /m²）

C=1 400×1.0×1.07×1.075×1.094=1 762（元 /m²）

（6）采用算数平均法求得评估结果：

以上交易实例修正后的价格比较接近，修正结果可靠，所以采用算术平均法：

评估对象单价 =（1 573+1 787+1 762）/ 3=1 707（元 /m²）

评估对象总价 =1 707×3 000=5 121 000（元）

课后练习题

一、在线测试题

二、简答题

1. 简述房地产价格的构成。
2. 简述房地产价格的影响因素。
3. 简述房地产评估中收益法的基本思路。
4. 简述房地产评估中市场法的适用范围。
5. 房地产评估的原则有哪些？

三、计算题

1. 待估混合结构建筑物账面原值为 500 万元，竣工于 2006 年年底，耐用年限 50 年，假定 2006 年的价格指数为 100%，2007 年至 2011 年的价格指数每年环比增长的幅度分别是 11.7%，17%，6.9%，10.5% 和 5.8%，经评估人员现场勘察评分，结构、装修及设备三部分的得分分别是 90、80、80，其修正系数为 0.8、0.1、0.1，建筑物的经济寿命为 50 年，试评估该建筑物 2011 年年底的价值。

2. 某地块面积 50 000m²，是通过城镇土地出让而取得的，出让金为 12 万元 / 亩，拆迁费 6 万元 / 亩，开发费 25 000 万元 /km²，其他费用（包括税费）4 万元 / 亩，土地开发周期为3年，第一年投入总开发费的50%，第二年投入30%，第三年投入20%。目前，土地开发的投资报酬率为10%，银行贷款利率为6%。试评估该土地开发后的价格（1亩＝666m²）。

3. 待估地块为一商业用途的空地，面积为600m²，要求评估其1997年5月的市场价值。评估人员通过搜集有关数据资料（过程略），选出3个交易实例作为比较参照物，交易实例有关情况如表5-6所示。

表5-6　交易案例详情

项　目		A	B	C	待估对象
坐　落		略	略	略	略
所处地区		繁华区	非繁华区	非繁华区	繁华区
用地性质		商业	商业	商业	商业
土地类型		空地	空地	空地	空地
价　格	总价（万元）	25.2	49	43.5	
	单价（元/m²）	1 500	1 400	1 450	
交易日期		1 996.10	1 996.12	1 997.1	1 997.5
面积（m²）		168	350	300	600
交通、通信状况		很好	很好	很好	很好
剩余使用年限（年）		35	30	35	30

已知以下条件：

（1）交易情况正常。

（2）1996年以来，土地价格每月上涨1%。

（3）交易实例A与待估对象处于同一地区，B、C的区域因素得分分别为86和93（注：比较标准以待估地块的各区域因素标准，即待估地块的区域因素分值为100）。

（4）待估地块面积因素对价格的影响较各交易案例高3%。

（5）折现率为8%。

4. 某房地产公司在2009年12月以出让方式取得一宗土地50年的使用权，并于2011年5月在此地块上建成一座钢混结构的写字楼，当时造价为每平方米3 800元，经济耐用年限为60年。目前，该类型建筑的重置价格为每平方米4 800元。该大楼总建筑面积为12 000m²，全部用于出租。据调查，当地同类型写字楼的租金一般为2.5元/m²·天，空置率在10%左右，每年需支付的管理费用一般为有效年租金的3.5%，维修费为建筑物重置价的1.5%，房产税为有效租金收入的12%，其他税为有效租金收入的6%，保险费为建筑物重置价的0.2%，资本化率确定为6%。试根据以上资料评估该写字楼在2014年12月的价格。

第六章
房地产评估的派生方法

学习目标

通过本章学习，应该能够：

掌握运用房地产评估派生方法的前提及假设条件；

熟练运用房地产评估的派生方法；

明确房地产评估方法的选择。

思政导读

自20世纪80年代以来，中国房地产评估快速发展，评估业务数量持续增长，评估法律法规不断完善，评估标准体系逐步健全，评估技术方法日趋成熟，评估专业队伍日益壮大，评估执业行为更加规范，评估服务质量明显提高，评估行业的社会影响显著提升。截至目前，中国房地产评估已逐步建立起了政府监管、行业自律、社会监督的管理体制。房地产评估在维护房地产市场秩序、保护房地产权利人的合法权益、防范金融风险、增进社会和谐等方面发挥着独特的作用。

房地产评估是一项专业技术含量较高的工作，需为客户提供独立、客观、公正且具有严密逻辑性的评估报告。房地产市场的蓬勃发展也需要房产评估行业的相应扶持与进步。为指导资产评估专业人员在执业过程中履行适当的核查验证程序，中国资产评估协会2020年颁布的《资产评估专家指引第8号——资产评估中的核查验证》指出，评估中的不动产权属证明资料主要为不动产权证，没有颁发不动产权证的可以是国有土地使用权证、集体土地所有权证、集体土地使用证、土地他项权利证明书、农村土地承包经营权证、用地通知书、国有建设用地出让合同、划拨决定书、房屋所有权证、房屋他项权证、土地房屋权证、房地产权证、在建工程抵押登记证明等。资产评估专业人员采用书面审查的方式核查上述权属证明资料的，应当查阅并核对评估对象的不动产权属原件、复印件是否一致。处于受理状态中的证明资料，资产评估专业人员可以根据需要要求评估对象产权持有人到不动产所在地的市、县人民政府不动产登记机构查询评估对象权属证明资料并取得查询结果。如果评估对象没有办理产权证，资产评估专业人员应当查验取得不动产的相关证明文件、发票以及合同等资料，并根据具体情况和重要性原则在资产评估报告中披露评估对象未办理产权证的原因、核查处理方法以及可能对评估结论产生的影响。

（资料来源：中国资产评估协会，《资产评估专家指引第8号——资产评估中的核查验证》，http：//www.cas.org.cn/gztz/61935.htm，2020.）

房地产评估不仅需要核验各项权证，而且需要掌握不同房地产特征及其评估特点。中国房地产评估快速发展，房地产的评估方法除上一章所涉及的三种基本方法外，还有一些派生方法，本章将继续介绍如何应用派生方法来评估房地产。

第一节　房地产评估的剩余法

一、基本思路和适用条件

剩余法又称假设开发法，其基本思路是在求待开发房地产价格时，将待开发房地产预期开发后的价值，扣除正常的开发费用、税金及正常的开发利润，以倒推算出的剩余价值作为待估房地产价格。

其计算公式如下：

待开发房地产价值＝开发完成后的房地产价值－开发成本－管理费用－销售费用－资金成本－销售税费－开发利润－取得待开发房地产的税费

运用上述公式，一是要把握评估对象状况和未来开发完成后的房地产状况；二是要把握未来开发完成后的房地产的经营方式。

目前，剩余法在待开发土地的价格评估中运用较为广泛，其计算公式如下：

地价＝预期楼价－建筑费－专业费用－管理费用－销售费用－利息－销售税费－利润

式中：

（1）预期楼价为土地开发建设完成后不动产的预期价格。

（2）建筑费为土地开发的建筑物等的耗费成本，主要包括前期开发费用、建筑安装工程费。

（3）专业费用包括地质勘探、测量、建筑设计等专业技术费用，一般按建筑费的一定比例进行估算。

（4）管理费用一般与未来开发完成后的房地产状况相对应。

（5）销售费用是土地开发建设后建筑物等的销售费用，包括广告宣传费和销售代理费等，一般按预期楼价的一定比例进行计算。

（6）利息是指全部开发投资的资金成本，自有资金和借入资金均应计算利息。投资利息只在静态分析法中才需要考虑。应计息项目包括取得成本、开发成本、管理费用和销售费用等。这些费用一般不是集中在一个时点而是分散在一段时间内发生，但计算时通常会将其假设为在所发生的时间段内均匀发生。

（7）税费通常指建设完成后房地产销售应缴纳的印花税、契税等，一般按预期楼价的一定百分比来计算。此外，如果评估对象是待开发房地产（土地），则应包括取得开发房地产（土地）应负担的税费。

（8）利润是指开发商在房地产开发过程中应得的正常利润。一般以全部投资或预期楼价的一定比例进行估算，不同地区和项目类型的比例大小不同。

剩余法主要适用于：待开发土地的价格评估；待拆迁改造土地的价格评估；未开发完工的房地产。采用剩余法的评估对象必须有明确的规划设计条件，如政府城市规划中规定的用途、容积率、覆盖率、建筑高度和建筑样式等。

二、评估步骤

采用剩余法评估房地产价格一般有以下基本步骤：

（1）调查和勘察待估土地的基本情况，包括土地位置、面积、形状、地形地质、基础设施、城市规划、土地的权利性质和使用年限等。

（2）选择最佳开发利用方式。根据土地的调查状况，在城市规划和法律许可范围内，确定最佳开发方式，包括用途、规模、档次、容积率、绿地覆盖率等。

（3）估算建设周期，包括整个房地产项目开发建设的时间，从取得土地使用权直到房地产销售或出租。房地产开发项目的类型、规模不同，开发建设周期不同。

（4）预测未来开发完成后的房地产的售价，即卖楼价。

（5）估算开发建设总成本费用，包括建筑成本费用、专业费用、管理费用、销售费用和利息。建筑成本费可通过比较法，即同类建筑物的建造费用或工程预决算进行估算。

（6）估算销售税费和开发商利润。开发利润的测算与成本法相同。

（7）估算待开发房地产价值。根据上述各项估算结果，以及剩余法的计算公式，估算待开发房地产的价值。

三、动态法和静态法

由于房地产开发周期较长，开发建设完成后的房地产价值、开发成本、销售费用、销售税费等发生的时间不同。运用剩余法评估房地产价值需要考虑资金的时间价值，按时间价值的计算方式不同可分为静态法和动态法。

（1）静态法主要是以估价时的房地产状况为依据，不考虑各项收支的时间差异，直接相加减，但需计算利息。

（2）动态法要对开发完成后的房地产价值、开发成本、管理费用、销售费用、销售税费等的未来发生金额和时间进行预测，然后将未来现金流折现到评估基准日，再相加减求得待开发房地产的价值。

【例 6-1】待估土地为一宗已完成“七通一平”的待开发空地，土地面积为 2 000m^2，土地形状规则，规划用途为商业居住混合，允许容积率 10，覆盖率≤ 50%，土地使用权年限为 50 年。试用静态法估算该宗地目前的价格。

（1）选用评估方法：待估土地为待开发空地，适用剩余法进行评估。

（2）选择和确定最佳开发方式：根据房地产市场和政府规划分析，评估人员认为待估宗地的最佳开发方式为商住混合。

（3）估算建设周期：预计正常情况下，该项目的建设周期为 2 年。

（4）预计售楼价：采用静态法，根据类似房地产的价格情况，确定该项目开发完成的售价为 15 000 元 /m²。

（5）估算开发成本。预计建筑费（含管理费用）为 3 000 元 /m²，专业费用为建筑费的 10%，建筑费和专业费用在建设期内均匀投入，投资利润率为 30%，银行贷款年利率为 6%，销售费用为预期楼价的 2.5%，销售税费为预期楼价的 6%。

（6）用静态法求总地价：

地价 = 预期楼价 – 建筑费 – 专业费用 – 销售费用 – 利息 – 销售税费 – 利润

预期楼价 =2 000×10×15 000=300 000 000（元）

建筑费 =2 000×10×3 000=60 000 000（元）

专业费用 = 建筑费 ×10%=60 000 000×10%=6 000 000（元）

销售费用 =300 000 000×2.5%=7 500 000（元）

利息 = 地价 ×[（1+6%）^{2}–1]+（60 000 000 + 6 000 000 + 7 500 000）×[（1+6%）$^{2/2}$–1]

= 地价 ×0.123 6+4 410 000

销售税费 =300 000 000×6%=18 000 000（元）

利润 =（地价 + 建筑费 + 专业费用 + 销售费用）×30%

= 地价 ×0.3+（60 000 000+6 000 000+7 500 000）×30%

= 地价 ×0.3+22 050 000

地价 =300 000 000–60 000 000–6 000 000–7 500 000–18 000 000– 地价 ×0.123 6–4 410 000– 地价 ×0.3–22 050 000

地价 =127 872 998（元）

【例 6-2】待估土地为一宗已完成“七通一平”的待开发空地，土地面积为 2 000m²，土地形状规则，规划用途为商业居住混合，允许容积率 10，覆盖率≤ 50%，土地使用权年限为 50 年。根据预测，该地最佳方式为商住混，总建筑面积 20 000m²，建筑层数为 20 层，各层建筑面积均为 1 000m²，地上 1~2 层为商业用房，建筑面积 2 000m²，3~20 层为住宅，建筑面积 18 000m²，建设周期 3 年。项目完成后，其中全部商业用房和 30% 的住宅部分即可售出，住宅部分的 50% 在半年后售出，其余 20% 在 1 年后售出，预计商用房售价 5 000 元 /m²，住宅 3 500 元 /m²，总建筑费为 2 000 万元，专业费为建筑费的 6%，利润率（以地价 + 建筑费用 + 专业费用为计算基数）为 20%，折现率 10%，租售费用和税费合计为售楼价 4%，在未来 3 年建设周期中，开发费用的投入情况预计，第 1 年需投 50% 的建筑费及相应的专业费用，第 2 年需投 30% 的建筑费及相应的专业费用，第 3 年需投入余下的 20% 的建筑费及相应的专业费用。试用动态法估算该宗地目前的价格。

（1）预期楼价 =5 000×2 000（P/F，10%，3）+3 500×18 000（P/F，10%，3）×[30%（P/F，10%，0）+50%（P/F，10%，0.5）+20%（P/F，10%，1）]=5 285（万元）

（2）建筑费及专业费用（年中投入）=2 000×（1+6%）[50%（P/F，10%，0.5）+30%（P/F，10%，1.5）+20%（P/F，10%，2.5）]=1 891（万元）

（3）租售费用及税费 =5 285×4%=211.4（万元）

成本利润 =（地价 + 建筑费用 + 专业费用）×20%

= 地价 ×20%+1 891×20%= 地价 ×20%+378.2

= 楼价 – 建筑费 – 专业费用 – 税费 – 地价

（1+20%）地价 = 楼价 – 建筑费 – 专业费用 – 税费

（4）地价 =（5 285–1 891–211.4–378.2）÷（1+20%）=2 337（万元）

（5）单位地价 =2 337÷2 000=1.169（万元 /m²）

第二节　房地产评估的残余法

上一章中所讲到的收益法是根据单独的土地、建筑物价值或房地合一的收益来估算各自的价值。当需要利用土地与地上建筑物共同产生的收益单独求土地的价值或建筑物的价值时，则要采用残余法。残余法是收益法的派生方法。

一、土地残余法

土地残余法是在房地合一产生的净收益中，扣除归属于建筑物的净收益，得到归属于土地的净收益，再用土地折现率折算为现值，求得土地价值的方法。

其计算公式如下：

$$L=[a-B（r_B+d）]（P/A, r_L, n）$$

$$L=[a-B\times r_B]（P/A, r_L, n）$$

其中，a 为房地合一净收益（分为含建筑物折旧及不含折旧）；B 为建筑物现时价值；r_B 为建筑物折现率；r_L 为土地折现率；d 为建筑物折旧率；L 为土地价值；P/A 为年金折现系数。

土地残余法在土地价值难以采用其他方法评估时（如缺乏可参照的交易实例）是最有效的方法。

【例 6-3】某房地产年收益 56 万元，建筑物价值 250 万元，建筑物资本化率为 10%，土地资本化率为 8%，房地产收益期限为 40 年，试评估土地价值。

L={56–250×（10%+1/40）}×（P/A,8%,40）=295（万元）

【例 6-4】某房地产公司于 2004 年 11 月以有偿出让方式取得一宗土地的 50 年使用权，并于 2006 年 11 月在此地块上建成一写字楼，当时造价 2 000 元 /m^2，经济耐用年限 55 年，残值率假定为 0，2008 年此楼重置价格为每平方米 2 500 元，此建筑物占地面积 500m^2，建筑面积 900m^2，出租期间，每月平均实收租金 3 万元，另知当地同类楼出租租金一般为 60 元 /m^2·月，空置率 10%，每年需要支付的管理费用，维修费用等共计 93 260 元，土地资本化率 7%，建筑物资本化率 8%，试根据以上资料评估该宗地 2008 年月 11 日 1 月的土地使用权价格（假设净收益中不含建筑物折旧）。

解：

（1）房地年总收益 =60×12×（1–10%）×900=583 200（元）

（2）房地年净年收益 =583 200–93 260=489 940（元）

（3）建筑物价值 =2 500×900–（2 500×900/48）×2=2 156 250（元）

（4）建筑物年收益 =2 156 250×8%=172 500（元）

（5）房地年总收益 – 建筑物年总收益 =489 940–172 500=317 440（元）

（6）土地使用权价值 =317 440（P/A，7%，46）=4 333 062（元）

二、建筑物残余法

建筑物残余法是在房地合一产生的净收益中，扣除归属于土地的净收益，得到建筑物的净收益，再用建筑物折现率进行折现，从而确定建筑物价值的方法。

其计算公式如下：

$$B=[a-L\times r_L]\times（P/A,\ (r_B+d),\ n）$$

$$B=[a-L\times r_L]\times（P/A,\ r_B,\ n）$$

式中，a 为房地合一净收益（分为含建筑物折旧及不含折旧）；B 为建筑物现时价值；r_B 为建筑物折现率；r_L 为土地折现率；d 为建筑物折旧率；L 为土地价值。

建筑物残余法能够检验建筑物相对于土地是否过大或过小、建筑物用途与土地最佳使用是否背离而导致土地的减值。因此，运用建筑物残余法要求建筑物的用途、使用强度及使用状态与土地最佳利用方式不能严重背离，否则会造成房地合一情况下房产所发生的租金收入较低，以至于不能满足土地对其净收益的要求，从而无从评估建筑物的价值。

【例 6-5】一砖混结构单层住宅宅基地面积是 200m^2，住宅的建筑面积是 120m^2，已使用 10 年，现在已知同类型住宅的月租金是 3 000 元（不含建筑物折旧），土地资本化率 8%，取得租金收入的年总成本为 8 000 元，评估人员另用市场比较法求的土地使用权价格每平方米 1 200 元。已知该住宅尚可使用年限是 60 年，建筑物适用折现率是 10%，请评估该建筑物的价值。

解：

建筑物价值 =（3 000×12–8 000）–（1 200×200×8%）（*P/A*，10%，60）=87 710（元）

【**例 6-6**】一砖混结构四层住宅，建筑面积 800m²，占地面积 300m²，月租金 24 000 元（含建筑物折旧），土地还原率为 6%，建筑物还原率为 8%，建筑物评估的剩余使用年限为 40 年，税金为年租金收入的 18%，管理费按年租金的 2.5%，年控制损失租金以半月租金计，维修费按年租金的 4% 计，年保险费 12 000 元，另用市场法求得土地使用权价格为楼面地价每平方米 2 800 元。试评估该建筑物的价格。

解：

年租金收入 =24 000×12–24 000×0.5=276 000（元）

年总费用 =276 000×（18%+2.5%+4%）+12 000=79 620（元）

年净收益 =276 000–79 620=196 380（元）

建筑物价格 =（196 380–2 800×800×6%）[（*P/A*，（8%+2.5%），40）]=579 407（元）

第三节　房地产评估的基准地价修正法及路线价法

一、基准地价修正法

（一）基本思路及计算公式

基准地价修正法是指利用当地政府制定的基准地价作为参照，将被估土地的区域条件和个别条件等与所在区域的平均条件相比较，对基准地价进行修正，从而求得待估宗地价值或价格的一种方法，其计算公式如下：

待估土地价格 = 待估土地所在区域的基准地价 × 区域因素修正系数 × 时间修正系数 × 年限修正系数 × 容积率修正系数 × 其他因素修正系数

（二）适用条件

基准地价修正法适用于政府已公布基准地价的城镇的土地价格评估，这是运用基准地价修正法的首要条件。基准地价修正法评估结果的准确性主要取决于基准地价的准确性及其调整系数（修正系数）体系设置的完备性及合理性。

基准地价修正法比较适用于进行大面积的、数量众多的土地价格的评估，因为对于大面积的土地来说，市场的交易实例一般较少，也很难运用收益法。

（三）评估步骤

1. 调查和勘察待估土地的基本情况，明确其所在区域的基准地价

这一步骤具体包括评估对象所在城镇的基准地价图、基准地价表、基准地价修正系数表、基准地价内涵。如地价所对应的土地权利类型、使用期限、用途、容积率、开发程度及估价时间等，最终明确评估对象所在区域的基准地价。

2. 确定区域因素修正系数

待估宗地的区域因素与所在区域平均因素条件的比较，可通过对因素条件的逐项对比评分，最终确定一个综合的区域因素修正系数。

3. 确定时间因素修正系数

基准地价是基准地价在评估基准日的价格水平，地价水平会随时间发生变化，所以需要进行时间因素修正，将基准地价对应的地价水平修正到评估时点的地价水平。时间因素通常根据地价指数的变化幅度来修正。

4. 确定年限修正系数

基准地价对应的使用年限是各用途土地使用权的最高出让年限，但具体被估土地的使用年限可能不同，所以要对年限进行修正。

土地使用权年限修正系数的计算公式如下：

$$\text{年限修正系数}=\left[1-\frac{1}{(1+r)^m}\right]\div\left[1-\frac{1}{(1+r)^n}\right]$$

式中，m 为被估土地使用权剩余年限；n 为该用途土地使用权的法定最高年限；r 为折现率。

5. 确定容积率修正系数

基准地价对应的是该用途土地在该级别地域内的平均容积率，但具体被估土地的容积率与平均容积率可能不同，且容积率对地价有较大的影响，所以必须对容积率进行准确修正，将区域平均容积率下的地价水平修正到待估土地实际容积率下的地价水平。

6. 确定其他因素修正系数

其他因素是指上述修正中未考虑到的地价影响因素，如具体待估土地的面积、地质、建筑高度和覆盖率等具体的城市规划条件限制。

二、路线价法

（一）路线价法的基本思路

路线价法根据土地价值随临街深度（与街道的距离）增大而递减的规律，将城市街道划分为不同的路线价区段并设定标准临街深度，计算该标准深度的若干临街土地的平均单

价，以此单价配合深度指数表和其他修正率表，求得临街各宗地地价。

在通常情况下，路线价法的公式如下：

$$宗地总价 = 路线价 \times 深度指数 \times 临街宽度$$

如果待估土地的临街条件或形状特殊，如属街角地、两面临街地、三角地形、梯形地、不规则地等，则计算公式如下：

$$宗地总价 = 路线价 \times 深度指数 \times 临街宽度 \times 修正系数$$

（二）适用范围

路线价法适用于土地课税、土地重划、征地拆迁等需要同时评估大范围大量土地的情况，主要用于城市临街商业用地的评估。路线价法的合理运用要求道路系统较为完整，土地排列整齐，并依赖于完善的深度指数表和其他价格修正率表。

（三）操作步骤

1. 划分路线价区段

路线价区段的划分通常以接近性为标准，地价相近、相连的地段划分为同一路线价区段。原则上，路线价区段的分界线为地价存在显著差异的地点。一般是从十字路或丁字路中心处划分，两路口之间的地段为一个路线价区段。区段不同的路段，路线价不同。比较繁华的街道可能需要进行多段划分，设定不同的路线价；住宅区等用地差异较小，同一路线价区段可延长至数个街廊。此外，当同一街道的两侧地价和繁华程度存在差异时，应将两侧划为两种不同的路线价。

2. 确定标准宗地

路线价是标准宗地的单位价格，标准宗地的确定是设定路线价的基础。标准宗地是指从城市一定区域中沿主要街道的宗地中选定的深度、宽度和形状标准的宗地。标准宗地一般会一面临街，形状为矩形，其标准深度和宽度分别是指标准宗地的临街深度（即宗地离开街道的垂直距离）和宽度（可为众数或平均数）。深度和宽度因国别而异，如美国的标准宗地为临街宽度 1 英尺（1 英尺 =0.304 8m）、深度 100 英尺的细长地块；日本将宽度 3.63m、深度 16.36m 的矩形土地作为标准宗地。从理论上讲，标准临街深度是街道对地价影响的转折点：由此接近街道的方向，地价因街道的影响而逐渐升高；由此远离街道的方向，地价可视为基本不变。实际评估情况下的标准深度，一般以路线价区段内临街各宗土地深度的众数或平均数为准。例如，某路线价区段内临街土地的临街深度大约为 18m，则标准临街深度一般会设为 18m；若临街深度为 25m，则标准临街深度一般会设为 25m。标准宗地的用途、容积率及其他方面（如土地使用期限、土地开发程度等）应在所在路线价区段具有代表性的用途。

3. 调查评估路线价

路线价是设定在街道上的若干标准宗地的平均价格，通常以同一路线价区段内若干标准宗地单位价格的平均数或众数为准，一般通常会是土地单价或楼面地价。标准宗地的单位价格可运用收益法、市场法等评估方法来计算。

4. 编制深度指数表

深度指数也称深度百分率，表示地价随临街深度长短变化的比率。深度指数表的制作通常需要进行大量的统计调查，分析临街深度与地价之间的关系。美国运用路线价法的时间较长，归纳了地价与临街深度的变化规律，如四三二一法则、苏慕斯法则、霍夫曼法则、哈柏法则等。

（1）四三二一法则将标准深度 100 英尺的普通临街地，与街道平行区分为四等分，即由临街面算起，第 1 个 25 英尺的价值为路线价的 40%，第 2 个 25 英尺的价值为路线价的 30%，第 3 个 25 英尺的价值为路线价的 20%，第 4 个 25 英尺的价值为路线价的 10%。如果超过 100 英尺，则需九八七六法则来补充，即超过 100 英尺的第 1 个 25 英尺价值为路线价的 9%，第 2 个 25 英尺为路线价的 8%，第 3 个 25 英尺为路线价的 7%，第 4 个 25 英尺为路线价的 6%。

（2）苏慕斯法则（Somers Rule），又称克利夫兰法则，由苏慕斯（Willam A. Somers）根据其多年实践经验，并经过众多的买卖实例价格调查比较后创立。根据苏慕斯法则，100 英尺深的土地价值，前半临街 50 英尺部分占全宗地总价的 72.5%，后半临街 50 英尺部分占 27.5%，若再深 50 英尺，则该宗地所增的价值仅为 15%。

（3）霍夫曼法则（Hoffman Rule），是 1866 年由纽约市法官霍夫曼（Hoffman）所创立的，是最先被承认对于各种深度的宗地评估的法则。霍夫曼法则认为，深度为 100 英尺的宗地，在最初 50 英尺的价值应占全宗地价值的 2/3。在此基础上，则深度 100 英尺的宗地，最初的 25 英尺等于 37.5%；最初的一半，即 50 英尺等于 67%；75 英尺等于 87.7%；全体的 100 英尺等于 100%。

（4）哈柏法则（Harper Rule）创设于英国，该法则认为一宗土地的价值与其深度的平方根成正比，即深度百分率为其深度平方根的 10 倍。例如，临街深度为 100 英尺的土地，前 25 英尺部分的价值占整块土地价值的（$10\times\sqrt{25}$）%=50%，前 50 英尺的价值占整块土地价值的（$10\times\sqrt{50}$）%=70%。

5. 计算宗地价值

具体是指根据路线价、深度指数表以及临街宽度（或地块面积）等数据资料，运用路线价法计算公式，估算待估土地的价值。

【例 6-7】某宗土地的临街深度为 100 英尺（30.48m），临街宽度为 20m 的矩形土地，市场总价值为 80 万元，根据四三二一法则，计算相邻临街深度为 50 英尺、临街宽度为 20 米的矩形土地价值总价。

解： 土地价值 =80×（40%+30%）=56（万元）

【例 6-8】 估价对象为一面临街的矩形宗地，临街宽度为 $20m^2$，临街深度为 $75m^2$。假设标准宗地临街宽度为 $25m^2$，临街深度为 $100m^2$，总价格为 400 万元。根据四三二一法则评估该估价对象的总价及单价。

解： 宗地总价 =4 000 000×（40%+30%+20%）×20 ÷ 25=2 880 000（元）

宗地单价 =2 880 000 ÷（20×75）=1 920（元 /m^2）

第四节　在建工程评估

一、在建工程及其评估特点

在建工程资产包括在评估基准日尚未完工的或虽然完工但尚未竣工验收、交付使用的建设项目，以及工程备用的材料、设备等财产物资。这里讲的是广义上的在建工程，不受企业会计核算的限制，会计报表中的“在建工程”通常仅指完工交付后要转入固定资产核算的工程。

1. 在建工程资产种类多，情况复杂

在建工程的范围较广，如建筑工程不仅包含建设中的各种房屋和构筑物，而且包括设备的安装等。在建工程情况也比较复杂，可能是在建或停工的未完工程，也可能是建设完成尚未交付的建设项目；既有企业自行建设的自营工程，也有外包工程。

2. 在建工程资产的形象进度和功能差异性很大

在建工程包括了从刚开工到建设完成未交付使用的各种建设项目。这些在建工程的工程进度和资产功能差异都很大，可比性较差，所以评估过程中很难找到可比的参照对象。

3. 在建工程资产的会计核算投资数与其实际完工进度较难一致

根据在建工程投资方式和会计核算的要求，其账面价值包括预付材料款、预付设备款以及在建工程中的应付材料款和应付设备款等。例如，外包工程的付款方式由合同规定，可能预付款项较多而与工程进度不匹配。因此，在建工程的账面投资并不完全反映其实际完工进度。

4. 在建工程的建设周期长短差别较大

在建工程的规模、性质不同，其建设周期差异很大。例如，厂区内的道路、设备等基础设施建设项目，一般工期较短；而高速公路、港口码头等建设项目的工期比较长。

由于在建工程的上述特点，使得在建工程评估难以用统一的模式或公式一概而论，而要具体问题具体分析。

二、在建工程评估的步骤

1. 收集待估在建工程的详细资料

评估中应要求委托方提供的详细资料包括：项目名称、建筑面积、建筑结构、工程预算、实际用款数额和完工程度，以及需要安装的设备名称、规格、数量、合同金额、实际付款数、到货和安装情况等。此外，要求提供并查阅的政府批准文件有：建设规划许可证、环评意见书、施工许可证、开工许可证等。其他资料包括工程图样、工程预算书、施工合同、有关会计账簿以及原始凭证等。

2. 现场勘察在建工程情况

评估人员必须到工程现场仔细勘察工程进度和工程形象进度，并查实委托方提供的资料是否与实际相符合。此外，还需要检查在建工程质量、建筑材料质量、建筑工程各组成部分是否存在缺陷及待修理因素，以及在建工程的整体布局是否合理，工期是否与进度计划相符等。

3. 收集有关法定的参数资料

参数资料主要包括：有关部门规定或制定的当地建筑安装工程预算定额、工程间接费用标准、地方建筑材料价差指数、建筑工程预备费用以及其他费用标准（在建工程贷款利率）等。

4. 进行评定估算

根据现场勘查和收集的数据资料，选择恰当的评估方法，评估确定在建工程的价值。

三、在建工程评估的方法

1. 工程进度法

工程进度法是根据在建工程建造完成后的市场价格，结合工程形象进度来估算在建工程价格的方法，其计算公式如下：

在建工程价格＝在建工程建造完成的市场价格×工程完工程度百分比×（1－折扣率）

式中，在建工程建造完成的市场价格，可采用市场法或收益法进行评估。

2. 成本法

成本法是以重新开发或建造待估在建工程应耗费的客观、合理费用之和，再加上正常的利润和税费来估算在建工程价格的方法，具体公式如下：

在建工程＝土地取得成本＋土地开发成本＋建筑物建造成本＋管理费用＋投资利息＋正常利税

3. 假设开发法

这里的假设开发法与前面所讲的房地产评估的剩余法是同一种方法，只不过在具体运用的计算公式上有一些变化，其计算公式如下：

在建工程价格＝续建完成后房地产的价值－续建成本－续建管理费用－续建投资利息－销售税费－续建投资利润

第五节　房地产评估方法的选择

一、房地产评估的目的和价值类型

房地产评估的基本目的是为所涉及的房地产交易提供价值参考，其特定目的是在考虑所评估房地产的交易特殊性质基础上，以不同性质房地产交易对房地产评估所产生的特殊要求或制约为前提对其价值提供参考意见。

房地产价值类型的确定涉及房地产评估中的三种情形。第一种是单纯房地产的交易，如房地产的转让、投资、抵押及纳税等。一般这种情况都需要评估房地产的市场价值，但有时也会需要对其非市场价值进行评估，如房地产抵押需要评估房地产的抵押价值。第二种是企业价值评估时由于采用了成本法（或称资产基础法），需要分别评估企业各项资产价值，包括对企业中所涉及的房地产价值（如企业会计记录中的投资性房地产、存货中的房地产、固定资产中的房屋建筑物及无形资产中的土地使用权等）进行评估。这时房地产本身并不交易，评估目的是企业股权交易。一般来说，这时作为固定资产的房地产是通过使用来对企业做出贡献，应评估房地产在现行市场价格条件下的重置价值。需要特别注意的是，重置价值与市场价值在价值的构成上存在差异，其包含了重置房地产的税费，如契税等；而作为存货的房地产多评估其可变现净值，因为存货是通过销售（变现）来对企业做出贡献的；投资性房地产应评估其市场价值或收益现值，原因是企业持有投资性房地产的目的。第三种是财务报告目的所涉及的房地产评估，这时房地产本身也不交易，评估的价值类型需要根据会计准则来确定。

二、不同类型房地产评估的方法选择

按房地产类型的不同，在评估中选用的方法也会有所不同。

1. 住宅及办公用房地产

此房地产类型宜优先选用市场法、收益法。当该类型住宅房地产没有交易或交易很少，或该类型住宅房地产没有租金等经济收入时，可选用重置成本法作为估价方法之一；估价对象具有开发或再开发潜力的，应选用假设开发法。

2. 商业房地产

此房地产类型宜优先选用市场法、收益法。当该类型商业房地产没有交易或交易很少，可选用重置成本法作为估价方法之一，但成本法不宜作为主要估价方法；估价对象具有开发或再开发潜力的，应选用假设开发法。

3. 工业房地产

估价对象可假定为独立的开发建设项目进行重新开发建设的，宜优先选用重置成本法。该类型工业房地产有较多交易的，应选用市场法；估价对象或其同类工业房地产通常有租金等经济收入的，应选用收益法；估价对象具有开发或再开发潜力的，应选用假设开发法。在对估价方法进行适用性分析后，有充分理由说明不能选用市场法、收益法、假设开发法时，可只选用重置成本法一种估价方法进行估价。

4. 旅馆、餐饮、娱乐等房地产

此房地产类型宜优先选用收益法。该类型房地产有较多交易的，应选用市场法；估价对象可假定为独立的开发建设项目进行重新开发建设的，可选用重置成本法；估价对象具有开发或再开发潜力的，应选用假设开发法。在对估价方法进行适用性分析后，有充分理由说明不能选用市场法、重置成本法、假设开发法时，可只选用收益法一种估价方法进行估价。

5. 公共设施、农业等特殊用途房地产

此房地产类型宜优先选用重置成本法。该类型房地产有较多交易的，应选用市场法；估价对象或其同类房地产通常有租金等经济收入的，应选用收益法；估价对象具有开发或再开发潜力的，应选用假设开发法。在对估价方法进行适用性分析后，有充分理由说明不能选用市场法、收益法、假设开发法时，可只选用重置成本法一种方法进行估价。

6. 建筑物、构筑物

此房地产类型一般选用重置成本法。当该类型建筑物、构筑物有建安工程造价实例的，可选用市场法计算其建安工程费；当估价对象通常有收益且收益可单纯计算或剥离计算时，可选用收益法。在对估价方法进行适用性分析后，有充分理由说明不能选用市场法、收益法时，可只选用重置成本法一种方法进行估价。

7. 在建工程

此房地产类型一般选用重置成本法、假设开发法。当估价对象开发完成后价值不能采用除成本法以外的方法测算的，可只选用重置成本法一种方法进行估价。

拓展阅读 6-1
住房和城乡建设事业发展成就显著

扫描此码　深度学习

8. 土地使用权

各类用途的土地使用权估价，可参照相同用途的房地产选用估价方法的建议。土地在基准地价或标定地价覆盖的区域内的，还宜选用基准地价（标定地价）修正法。

9. 租赁价格

此房地产类型宜选用市场法、收益法。收益法应根据房地产价格与租赁价格之间的转换公式，利用房地产价格推算出租赁价格。

课后练习题

一、在线测试题

【在线测试题】
扫描书背面的二维码，获取答题权限。

扫描此码 在线自测

二、简答题

1. 简述剩余法中的动态法与静态法的不同。
2. 如何对房地产评估方法进行选择？
3. 简述房地产评估残余法的适用范围。
4. 简述基准地价修正法和路线价法的基本思路。
5. 在建工程评估有哪些特点？

三、计算题

1. 有一宗“七通一平”的待开发建筑用地，土地面积为 2 000m²，建筑容积率为 2.5，拟开发建设写字楼，建设期为 2 年，建筑费为 3 000 元 /m²，专业费为建筑费的 10%，建筑费和专业费在建设期内均匀投入。该写字楼建成后即出售，预计售价为 9 000 元 /m²，销售税费等为楼价的 9%，当地银行年贷款利率为 6%，开发商要求的投资（取得 + 开发成本）利润率为 10%。试用静态法估算该宗土地目前的单位地价和楼面地价。

2. 待估土地为一宗已完成“七通一平”的待开发空地，土地面积为 5 000m²，土地形状规则，规划用途为商业居住混合，允许容积率 4，覆盖率≤50%，土地使用权年限为 50 年。试估算该宗地目前的价格。根据市政规划和市场分析预测，评估人员认为该宗地最佳的开发方式是商业居住混合，总建筑面积为 20 000m²，建筑层数为 8 层，各层建筑面积均为 2 500m²，地上一至二层为商业用房，建筑面积 5 000m²，三至八层为住宅，建筑面积 15 000m²。预计正常情况下该项目的建设周期为 2 年。经分析预测，该开发项目完成后，其中全部商业用房和 30% 的住宅部分即可售出，住宅部分的 50% 在半年后售出，其余 20% 在 1 年后售出。预计商业用房的平均售价为每平方米 8 500 元，住宅的平均售价为每平方米 6 500 元。预计总建筑费为 4 000 万元，专业费为建筑费的 6%，投资利润率为 20%，贷款的年利息率为 6%，租售费用和税费合计为售楼价的 4%。已知在未来 2 年的建设周期中，开发费用的投入情况如下：第 1 年需投入 60% 的建筑费及相应的专业费用，第 2 年需投入 40% 的建筑费及相应的专业费用。请评估此地价，假定折现率为 8%。

3. 某市一宗 2 000 平方米空地因产权变动需要评估。预计最佳利用方式是开发一建筑面积为 4 000m² 的商业建筑。预期该商业房地产建成后的售价为 3 000 元 /m²，估计该建筑物的建筑费用为 1 400 元 /m²，专业费用为建筑费用的 6%，利息利润为地价、建筑费用及专业费用之和的 15%，销售费用及有关税费为售价的 10%，请评估该宗地的价值。

4. 有一宗“七通一平”的待开发建筑用地，土地面积为 2 000m²，建筑容积率为 2.5，拟开发建设写字楼，建设期为 2 年，建筑费为 3 000 元 /m²，专业费为建筑费的 10%，建筑费和专业费在建设期内均匀投入。该写字楼建成后即出售，预计售价为 9 000 元 /m²，销售税费等为楼价的 9%，当地银行年贷款利率为 6%，开发商要求的投资（取得 + 开发成本）利润率为 10%。试用静态法估算该宗土地目前的单位地价和楼面地价。

5. 某路线价区段，标准深度为 16 ~ 18m，路线价为 1 200 元 /m²，待估宗地为一临街矩形地块，临街宽度为 15m，临街最深为 20m，具体情况和该路线价区临街地深度指数如表 6-1 所示。

表 6-1 临街深度指数表

临街深度（m）	$h<4$	$4 \leqslant h<8$	$8 \leqslant h<12$	$12 \leqslant h<16$	$16 \leqslant h<18$	$h \geqslant 18$
深度指数	130%	125%	120%	110%	100%	40%

试写出评估该宗地所运用的计算公式并计算评估结果。

6. 某建筑项目需建筑混合结构仓库 1 000m²，建筑工程总预算造价为 400 000 元，设备安装工程预算为 90 000 元。评估时该仓库正在建设中，其中建筑工程的基础工程已完工，主体结构工程完成了 30%，设备安装工程尚未进行。评估人员依据一般在建工程各部位占单位预算的比重，即工程造价构成（见表 6-2）对在建工程进行评估。试评估该在建工程的价格。

表 6-2 工程造价简表

部位名称	建筑结构类型		
	混合结构	现浇框架结构	预制装配结构
基础工程	13%	15%	25%
结构工程	60%	60%	55%
装饰工程	27%	25%	20%

第七章
资源性资产评估

学习目标

通过本章学习，应该能够：

清楚资源性资产的概念及特征；

掌握森林资源资产的评估方法；

掌握矿产资源资产的评估方法。

思政导读

自我国集体林权制度改革以来，出现了资源性资产作为对象转让、出售、拍卖及银行抵押等经济行为。之后，资产评估为各类自然资源成为“有价值资产”的调查、登记、价值评估等提供技术支持。2018 年 3 月 17 日，十三届全国人大一次会议表决通过了《关于国务院机构改革方案的决定》。改革方案提出，整合组建新自然资源部。自然资源部主要职能包括监管、自然资源的资产化管理和测绘、地勘行业管理，其中最大变化就是自然资源的资产化管理。通常来说，自然资源是指广泛存在于自然界并能为人类利用的自然要素，包括气候资源、土地资源、水资源、生物资源、矿产资源、旅游资源和海洋资源等。自然资源部组建后，把以前国土部侧重管理的土地和矿产资源扩展到包括土地、矿产、森林、水、草原资源和海域海岛等领域在内，范围更大、空间更广。将自然资源作为“资产”管理，需要完善自然资源资产价格评估方法和管理制度，完善价格形成机制，建立以永续利用理念为核心的自然资源资产管理体系。自然资源是经济社会发展的核心要素、能量源泉和空间载体。因此，自然资源资产管理体系要围绕自然资源的开发利用与保护，遵循自然资源生成及发展规律，注重经济、社会、生态及环境保护可持续发展。同时，自然资源是中国经济社会发展的重要资源供给侧，其具备资源、资产和资本属性，因此，自然资源资产评估需要兼顾资源、资产及资本属性，加强自然资源数量、质量及生态的全面保护，建立合理的自然资源开发与利用的利益机制，统筹构建自然资源资产管理体系。这也意味着国家必定要对自然资源进行“估值”，使各类自然资源成为“有价值的资产”，从而使调查、登记、价值评估成为不可或缺的环节。

（资料来源：张增峰，王博宇，朱新帅，黄克龙，曹天邦．自然资源价值评估研究综述 [J]. 安徽农业科学，2020，48（13）：8-11.）

本章将从各类资源性资产特征出发，在掌握各类资源性资产的价值认知基础上介绍各类评估方法。在实践中，矿业权评估的主要评估对象是矿业权，即对探矿权和采矿权的评估。

第一节　资源性资产评估概述

一、资源性资产的基本特征

所谓资源性资产，是指在当前技术经济条件下，开发和利用某类自然资源，从而给投资者带来一定的经济价值的自然界物质和能量。

（一）资源性资产的个别属性

这里的个别属性主要是指自然属性，具体包括以下几点。

1. 天然性

自然资源最初都是自然因素形成的，随着人类对自然的干预，部分资源性资产存在人工投入和天然生长的共生性。

2. 有限性和稀缺性

资源性资产的总量是有限的，人类活动使不可再生资源的数量不断减少；开发利用不当可能造成自然条件和自然资源的贫化、退化以及质变，如土地资源利用不当会造成荒漠化和盐碱化。

3. 地区差异性

自然资源的地理分布不均衡，不同地区的资源性资产在质量和数量上存在显著差异。例如，我国的森林资源的分布较为集中，如东北的长白山林地、西南山区等；金属矿等矿产资源基本分布于西部高地到东部丘陵的过渡地带。

4. 生态性和与其他资源的高度相关性

各种自然资源并非孤立存在，大气、地质、水文、生物等在自然界的物质和能量的循环中相互影响，形成了特定的生态系统和生态平衡规律。因此，需要确保对自然资源的合理开发与利用，并且对资源进行资产化管理和资产评估。

（二）资源性资产的资产属性

这里的资产属性主要包括经济属性和法律属性，具体来说包括以下几点。

1. 是一种在一定条件下的经济资源

资源性资产不但具有使用价值，同时其一定要为投资者带来收益。

2. 可以用货币计量

资源性资产不仅能够用实物单位计量，还可以用价值来表示，这是资源资产评估的基础。

空气、太阳光等无法用货币计量的自然资源不能成为资产。

3. 为经济主体占有和控制

资源无论发现与否，都是自然存在的，但尚不能说明是否有使用价值。资源性资产以进入生产过程后为经济主体占有和控制为要件。资源性资产是由自然资源进化而来的，但不是所有的自然资源都能形成资源性资产，如空气和阳光等，一般不易被排他性占有，所以不能成为资产。

4. 可以实现产权或使用权的让渡和流转

在我国，由于绝大多数自然资源属于国家或集体所有，法律不允许资源性资产的所有权转让，但其使用权可以依法交易，这就给资源性资产进行评估提供了基本条件。

二、基于评估的资源性资产分类及价值构成

（一）基于评估的资源性资产分类

资源资产评估是在现实情况下对资源资产在某一时点上的有偿使用价值进行的估算和评定，其内涵实质是使用资源经营权所获权益的本金化。它是按其未来开发利用收益和资产的所有权派生出来的具有交易的产权权属关系来进行的。因此，常见的资源性资产评估大致可分为有代表性的两类，即代表不可再生资源性资产的矿产资源资产评估和代表可再生资源性资产的森林资源资产评估。需要指出的是，尽管从资产评估的角度进行以上划分是合适的，但具体到各种形态的资源性资产，其评估方法的实际操作也应因地因时而异。

（二）资源性资产的价值构成

根据马克思主义的地租理论，资源性资产由于其稀缺性和可排他性地占有，所以它本身具有价值即租金价值；同时，自然资源变为资产，往往需要追加一定的人类劳动，从而形成各种劳动投入产生的价值，具体表现为各种费用，如勘探、开发和保护费、再生性资源的再生费用以及开发过程中各种损失的补偿费等。因此，从理论上分析，资源性资产的总价值如下：

$$V=V_0+V_1=[R+I(1+r')]/r$$

式中，V_0 为资源性资产的租金价值；V_1 为各种劳动投入的价值；R 为资源性资产的租金；I 是支付资源勘察、开发及保护等的总费用消耗；r' 为资本平均收益率；r 为折现率（或资本化率）。

三、资源性资产的评估目的

不同经营和开发程度的资源性资产价值是不同的，为使评估值尽量靠近资产的真实价

值，实际中往往选择不同的评估途径。根据不同的评估目的，评估对象的价值内涵也是不同的，它不一定专指资源性资产实物形态的价值。

具体来说，资源资产评估目的包括：①以自然资源资产价值核算为评估目的；②以资产出让为评估目的；③以产权交易为评估目的；④资源资产经营活动中的评估目的；⑤以融资业务为评估目的；⑥以资产保全或资产补偿为评估目的；⑦以生态环境保护为目的的评估；⑧法律事务与咨询服务的资产评估。

第二节　森林资源资产评估

一、森林资源资产评估概述

（一）森林资源与森林资源资产

1. 森林资源

森林资源具体包括森林、林木、林地以及依托森林、林木、林地生存的野生动物、植物和微生物。森林，包括乔木林和竹林。林木是指林地内所有的林木，包括幼龄林、中龄林和未成林造林地上的幼树。按林木的用途可分为用材林、经济林、薪炭林、防护林、特种用途林和竹林。林地是森林生长的承载体，是指郁闭度 0.2 以上的乔木林地以及竹林地、灌木林地、疏林地、采伐迹地、火烧迹地、未成林造林地、苗圃地和县级以上人民政府规划的宜林地等。

2. 森林资源资产

森林资源资产是指由特定主体拥有或控制并能带来经济利益的，用于生产、提供商品和生态服务功能的森林资源。森林资源资产的构成包括森林、林木、林地、森林景观资产以及与森林资源相关的其他资产。森林资源资产具有以下特征：

（1）森林资源资产是以森林资源为物质内涵的资产，包括林木资产、林地资产、林区野生动物资产、植物资产和微生物资产。

（2）不是所有森林资源都能转化为森林资源资产。资产必须是由特定主体所拥有或控制，并能够带来经济利益的经济资源。主体不明确或无法实施有效控制的森林资源以及不能给经营者带来经济利益的森林资源仅能作为资源，而不能作为资产。

（3）森林资源效益的多重性决定森林资源资产具有多种功能。森林资源资产作为一项生物性资产，结构复杂，形态各异，其功能也具有多样性，除了为社会提供木材、果品、食用油料、工业原料和药材等经济产品，还具有涵养水源、保育土壤、固碳制氧、积累营养物质、净化大气环境、森林防护、保护生物多样性等生态价值。

（4）在特定目的与条件下，森林的生态价值可以进入市场，成为生态资产。

（二）森林资源资产评估

森林资源资产评估是指评估师对森林资源资产进行分析估算并发表专业意见的行为和过程。根据评估工作的内容不同，森林资源资产评估的业务可以分为资产评估、评估咨询、评估复核。从评估业务范围看，森林资源资产评估业务，不仅包括针对单独的森林资源资产的评估行为，也包括对企业价值评估或其他评估行为中所涉及的森林资源资产评估行为。

森林资源资产评估除了具有资产评估的市场性、公正性、专业性、咨询性等特点外，还具有以下特征。

1. 森林资源资产评估的专业性

森林资源资产作为一项生物性资产，其评估涉及了林业经济学、森林经理学、测树学、森林生态学、水土保持学等专业学科知识。

2. 森林资源资产评估的生态价值因素

森林资源资产功能的多样性，使得评估人员在进行森林资源资产评估时，需要综合考虑多种因素的影响。除了考虑其经济效益外，还需要根据特定的经济行为和评估目的等因素，确定是否评估其生态价值。

3. 森林资源资产评估的复杂性

森林资源资产评估除了要考虑一般资产评估需要注意的事项外，还要特别关注国家林业法律法规和政策以及森林资源的自然属性、经营特性、使用期限、用途等对资产价值的影响。

4. 森林经营周期长对资产评估结果造成较大影响

森林资源资产经营的周期少则5~6年，长则几十年，甚至上百年。这样长的经营周期对评估价值产生的较大的影响，主要表现如下：

（1）在供求关系对价格的影响方面表现为供给弹性小，且成本效应滞后，即当培育成本与市场价格出现背离时，成本对价格效应反应非常滞后，市场需求对价格的影响会在相当长的时期内起主导作用。评估时应更多地考虑现行市场价格的因素。

（2）由于经营周期长，成本的资金时间价值极为重要，投资收益率的微小变化将对评估结果产生重大影响。

（3）由于经营周期长，对未来投入产出预测较为困难，而收益法的评估是建立在对未来投入产出预测的基础上，故预测的准确性对评估的影响很大。

5. 森林资源资产价值的关联性

森林的价值体现在林木、林地、森林景观资产以及与森林资源相关的其他资产之上，林地价值的体现又与林木、森林景观以及与森林资源相关的其他资产密不可分。森林景观资产价值依托于森林、林地、林木等资源资产，森林生态价值的体现更要依托于森林系统整体。因此，评估森林资源资产要关注其资产的关联性，确定好评估对象和评估范围，合理划分森林、林木、林地、景观、野生动植物、人工林下经济等的价值。森林资源资产的价值主要表现为经济效益、生态效益与社会效益。森林资源资产的主要评估目的是为了确定市场交易价值，其评估的对象主要是指发生产权变动或经营主体变动的森林资源资产，包括林木资产、林地资产和森林景观资产以及整体林业企事业资源资产。

二、森林资源资产评估的调查、核查与资料收集

（一）森林资源资产的调查与核查

1. 森林资源资产的调查

评估人员执行森林资源资产评估业务时，调查和编制森林资源资产清单是开展评估工作的前提。收集森林资源资产评估资料应当要求委托方或相关当事方提供委托评估森林资源资产清单。森林资源资产清单实际上就是一般资产评估中的委托评估资产申报表。

当委托方无法提供有效的委托评估森林资源资产清单时，受托方应要求委托方聘请具有相关资质的森林调查机构进行森林资源专项调查并编制森林资源资产清单，或经委托方同意，由评估机构委托有资质的森林调查机构进行调查和编制森林资源资产清单。根据评估目的和评估对象等实际情况，如评估机构具备调查专业知识和经验时，评估机构可以开展调查工作，编制森林资源资产清单。

2. 森林资源资产的核查

资产评估人员在执行森林资源资产评估业务时，应当对森林资源资产数量、质量进行现场核查，确定森林资源资产清单是否能够作为评估依据。

森林资源资产的数量、质量主要包括：林地面积、经营面积、地类、立地质量、林种、优势树种（或优势树种组）、树种组成、起源、年龄、龄组（生产期）、胸径、树高、株数、蓄积、可及度、出材率等级、经营类型等。

森林资源资产现场核查可以采用抽样核查或全面核查的方式进行。常见的森林资源资产核查方式主要有抽样控制法、全面核查法、小班抽查法等。当资产评估机构和评估师缺乏森林资源调查专业知识和经验时，应聘请具有相应资质的专业机构或专业技术人员对森林资源资产进行核查，并由专业机构出具核查报告。

（二）收集森林资源资产评估资料

资产评估过程中，评估人员应完整、客观地搜集资料，以保证评估结论的完整性、有效性和合法性。数据和信息收集是资产评估业务质量的保证，评估目的、资产类型不同的项目，对评估资料的要求不同。森林资源资产评估的资料通常包括：

（1）产权主体的基本概况及相关经营基础资料。

（2）森林经营方案、森林采伐限额指标及说明；营林技术规程；不同培育目的下，各树种的营林标准及营林工序。

（3）营林生产成本：营林工价、苗木及肥料价格，各营林工序生产定额及难度系数；各营林段的平均生产成本；护林、防火、病虫害防治成本等。

（4）森林采伐成本资料：采伐工价；采伐段各生产工序（包括伐区设计、清杂、采伐、打枝、造材、剥皮、集材、运输等）的定额及难度系数；采伐段各生产工序平均生产成本；集材、运输及林道修筑情况及成本等。

（5）木材销售及价格资料：各树种、各材种木材价格表；近3年木材分树种、分材种的单位面积产量；近3年木材销售总额及各树种、各材种的实际平均出材率资料。

（6）各树种、各材种不同胸径、树高的实际出材率及主要材种的实际平均出材率资料。

（7）销售成本及税金：仓储及销售段费用；各种税收及计税方式；各种税金的计算方法等。

（8）营林段和生产段的管理费用分摊情况。

（9）当地通用测树数表及经营数表：立木材积表；材种出材率表；森林经营类型生长过程及措施设计表等。

三、资产评估方法在森林资源资产评估中的应用

（一）成本法在森林资源资产评估中的应用

成本法在森林资源资产评估中最适用的范围是没有收益或未来收益难以预测，而在市场上又很难找到相同或类似的可比交易参照案例的评估对象。

1. 林木资产评估的重置成本法

该方法是按现时的工价及生产水平，重新营造一块与被评估林木资产相类似的资产所需的成本费用，作为被评估林木资产的评估值的方法。重置成本法最适用于对幼龄林林木资产的评估。

该方法是按照现时工价和水平，将重新营造一块与被估林木资产相类似的林分①所需要的成本费用，作为被估林木资产的评估值，其计算公式如下：

$$E_n=K\cdot\sum_{i=1}^{n}C_i(1+P)^{n-i+1}$$

式中，E_n 为林木资产评估值；K 为林分质量综合调整系数；C_i 为第 i 年以现时工价及生产水平为标准计算的生产成本，主要包括各年投入的劳动力工资、物质消耗、地租、管理费用等；n 为林分年龄；P 为投资收益率。

这种方法对于以资产重置和补偿为目的的林木资产评估比较适合。

① 林分，是指林木的内部结构特征，即树种组成、林层或林相、疏密度、年龄、起源等主要调查因子相同并与四周有明显区别的有林地。这里也泛指任一具体的长有林木的地段。

运用重置成本法评估林木资产必须注意：

（1）运用重置成本法评估林木资源资产必须确定合理的投资收益率。林木经营周期往往长达数十年，这期间经营基本上无收益（或仅有少量收益），且营林投入和风险主要集中在前几年。这会造成资金占用的时间很长，所以需要合理确定投资收益率，计算资金占用成本和投资收益。

（2）运用重置成本法评估林木资产时不需要考虑成新率问题。在林木的经营过程中，投资形成资本的累积，生长过程中没有收益或很少收益，不存在实体性损耗，资产的价值一直增加，要到主伐时才一次性将林木采伐和出售，资本全部收回。因此，在林木的重置成本法中一般不存在资产的折旧问题，也就不存在成新率。

（3）运用重置成本法评估林木资产必须根据林分质量调整估算评估值。不同林分的质量差异较大，其重置成本一般是指社会平均劳动的重置值。其林分质量是以当地平均的生产水平为标准。林分生长状态的质量调整系数在幼龄林中一般用株数调整系数和平均树高调整系数综合确定，在中龄以上的林分用平均胸径调整系数和蓄积调整系数综合确定，即这里 K 的取值由以下因素决定：

①株数调整系数 K_1：株数保存率是衡量林分造林质量的重要指标。株数保存率（r）= 林地实有保存株数 ÷ 造林设计株数。在幼龄林（未成林造林地幼树）的评估中，当 $r \geqslant 85\%$，$K_1=1$；当 $r < 85\%$，$K_1=r$；当 $r \leqslant 40\%$ 时，必须重造，$K_1=0$。

②树高调整系数 K_2：

$$K_2=\frac{\text{现时幼龄林林分平均树高}}{\text{同一年度参照林分标准平均树高}}$$

确定树高调整系数的关键在于寻找合适的参照林分的平均树高。通用的做法是选择适合评估地区的各树种幼龄树高平均生长过程表，拟合树高平均生长方程，测算评估年度的平均树高作为参照林分的标准平均树高。

【例 7-1】某小班面积为 10hm^2，林分年龄为 3 年，树高调整系数为 0.9，株数保存率 r 为 91%，要求用重置成本法评估其价值。前 3 年相同林分投入调查结果显示：该地区评估基准日第 1 年造林投资为 4 200 元 /hm^2，第 2 年、第 3 年投资均为 1 500 元 /hm^2，年投资收益率为 8%。每年的林地租金为 600 元 /hm^2，从第 1 年起每年管护费为 150 元 /hm^2。当地造林成活率要求为 85%。

解：

C_1=4 200+600+150，C_2=1 500+600+150，C_3=1 500+600+150

该小班林木成活率为 91%，91% > 85%，故：

株数调整系数为 K_1=1；

树高调整系数为 K_2=0.9；

该林分评估值 $E_n=K\cdot\sum_{i=1}^{n}C_i\ (1+P)^{n-i+1}$

$=10\times1\times0.9\times（4\ 950\times1.08^3+2\ 250\times1.08^2+2\ 250\times1.08）$

$=101\ 609.8$（元）

2. 林地资产评估的林地费用价值法

林地费用价值法又称为成本价法，是以取得林地所需的费用和把林地维持到现在状态所需费用的本利之和来估算林地评估值的方法。

适用范围：对林业用地存在着林地改良与苗圃地评估时适用此方法。

计算公式如下：

$$B_u=A\ (1+P)^n+\sum_{i=1}^{n}M_i\ (1+P)^{n-i+1}$$

式中，B_u 为林地评估值；A 为林地购置费；M_i 为林地购直后，第 i 年林地改良费；n 为林地购置年数；P 为投资收益率。

应用的前提条件是林地在购置和投资年间的费用明确且可计量

（二）市场法在森林资源资产评估中的应用

市场法的计算基础是相同或类似的森林资源资产的现行市场成交价格，同一评估对象通常应选取三个以上的参照案例，其计算公式如下：

$$E=\frac{X}{N}\sum_{i=1}^{n}K_i\cdot K_{bi}\cdot G_i$$

式中，E 为评估值；X 为拟评估森林资产的实物量；N 为参照交易案例个数；K_i 为第 i 个交易案例林分质量综合调整系数；K_{bi} 为第 i 个交易案例物价调整系数；G_i 为第 i 个交易案例市场交易价格。

（三）剩余价值法在森林资源资产评估中的应用

剩余价值法又称市场价倒算法，是用被估林木采伐后所得的木材市场销售总收入，扣除木材经营所耗的成本（含税费）及合理利润后在加上林木资源的再生价值作为评估值，其计算公式如下：

$$P=W-C-F+S$$

式中，P 为评估值；W 为销售总收入；C 为经营成本；F 为经营合理利润；S 为林木资源的再生价值。

该方法较适合于成熟林的评估。因为这时的财务资源比较容易取得且可靠。当成熟林的采伐期与评估基准日距离时间较长时，则不宜采用这一方法。

【例 7-2】某民营林业公司拟转让 100 公顷杉木林，该林分经营类型为一般用材林，林龄为 28 年，已过主伐期，处于成熟林组，林分平均胸径为 18cm，平均树高为 16m，平均蓄积为 160m³/hm²，请评估该小班价值（整化为百位）。

据调查相关技术经济指标如下：

（1）木材价格。木材价格以委估资产附近林产品交易市场木材销售价为基础，结合待评估林木资产的实际平均胸径综合确定木材的平均售价。

经调查分析，杉原木售价为 800 元 /m³，杉综合材售价 650/m³。

（2）木材经营成本。木材经营成本主要包含伐区设计费、检尺费、采造集装、运费、销售管理费等，合计为 170 元 / m³。

（3）木材销售税费。木材销售税费主要包含：育林基金、森林植物检疫费、维简费等合计按木材销售价格的 20.0% 征收；增值税、城建税、不可预见费等合计按销售收入的 18.0% 征收。

（4）经营利润率，按木材经营成本的 16.0% 计算。

（5）出材率，按委估资产地方标准《X 市县林区商品林主要树种出材率表》计算。胸径为 18cm 的杉木出材率 70%（其中，原木 25%，综合材 45%）。

拓展阅读 7-1
集体林权制度改革背景下的森林资源资产评估研究

根据上述指标，评估过程及结论如下：

①主伐收入 W=100×160×25%×800+100×160×45%×650=7 880 000（元）

②主伐成本 = 经营成本 + 销售税费，则

C=（100×160×25%+100×160×45%）×170+7 880 000×（20%+18%）

=4 898 400（元）

③木材经营利润 F=4 898 400×16%=783 744（元）

该林分评估值为 =7 880 000–4 898 400–783 744=2 197 856（元）

第三节 矿产资源资产评估

一、矿产资源资产评估概述

（一）矿产资源资产评估的产生与发展

第一个阶段是 1986—1997 年，基于中华人民共和国第一部《矿产资源法》的“地质勘查成果资产评估”；1995 年 5 月，原国家国有资产管理局和原地矿部发布《地质勘查成果资产评估管理若干规定（试行）》规定，地勘成果应作为无形资产进行资产评估作价。当时的评估对象是“矿产地勘报告”和“有价值的勘查资料”。

第二个阶段是基于1996年修订的《矿产资源法》的"探矿权采矿权评估"（或称矿业权评估）。1998年2月，国务院发布《矿产资源勘查区块登记管理办法》《矿产资源开采登记管理办法》和《探矿权采矿权转让管理办法》三个行政法规，建立了矿业权流转制度以及相应的矿业权评估制度，并规定：转让国家出资勘查所形成的探矿权、采矿权的，必须进行评估。至此，矿产资源资产评估正式确立为对实物形态的矿产资源资产评估与权益资产价值评估。

（二）矿产资源资产价值内涵及评估对象

1. 矿产资源资产的价值内涵

矿产资源资产评估的前提是明确其价值内涵。实践中的矿产资产价值包括以下几个方面。

（1）实物形态的矿产资源资产价值。矿产资源是经过地质成矿作用形成的，埋藏于地下或出露于地表，并具有开发利用价值的矿物或有用元素的集合体。作为实物形态的含量矿产资源，经过地质普查、详查、勘探而最终形成被探明的含量，同时具备了资产特征，即可称为实物形态的矿产资源资产。我国的矿产资源属于国家所有，它是形成矿业权的基础。

（2）矿产资源的使用权价值，即矿业权价值，它是一种对物产权性质的无形资产。矿业权包括探矿权和采矿权。探矿权是指在依法取得的勘查许可证规定的范围内，勘查矿产资源的权利。取得勘查许可证的单位或者个人称为探矿权人。采矿权是指在依法取得的采矿许可证规定的范围内，开采矿产资源和获得所开采的矿产品的权利。取得采矿许可证的单位或者个人称为采矿权人。

矿产资源所有权和矿业权的权利客体同为矿产资源。矿业权权利主体是矿业权人，包括自然人、法人、其他经济组织，而矿产资源所有权权利主体是国家。矿业权可以依法流转，矿产资源所有权不允许流转。

2. 矿产资源资产的评估对象

基于矿产资源的不同价值形态，矿产资源资产评估的对象有三种：①实物形态的矿产资源资产；②矿产资源的使用权的价值，即矿业权价值；③在我国由于还存在探采分营的情况，因而也存在仅以勘探成果为对象的评估。

矿产资源资产是一种有形资产价值的评估，而矿业权是一种无形资产价值的评估。实际工作中大多数是对矿业权资产的评估。

实践中，矿业权评估的主要评估对象是矿业权，即对探矿权和采矿权的评估。其中，矿业权权利客体为已查明或潜在的矿产资源储量，矿业权权利主体为矿业权人，矿业权权利价值内涵为用益物权价值。

（三）矿业权评估的特点

矿业权评估的特点包括以下四方面。

（1）与矿产资源法律制度密切相关。矿产资源法律制度，是确立矿业权财产属性、矿业权市场交易、定价等的基本前提。矿业权评估技术体系的建立，离不开矿产资源法律制度。不同国家和地区矿产资源管理制度不同，矿业权评估理论相同，但技术体系不同。不存在全球完全一致的评估技术体系，如我国的《矿产资源勘查区块登记管理办法》规定，勘查许可证有效期最长为 3 年；但是，石油、天然气勘查许可证有效期最长为 7 年。需要延长勘查工作时间的，探矿权人应当在勘查许可证有效期届满的 30 日前，到登记管理机关办理延续登记手续，每次延续时间不得超过 2 年。探矿权人逾期不办理延续登记手续的，勘查许可证自行废止。石油、天然气滚动勘探开发的采矿许可证有效期最长为 15 年。

（2）涉及的专业门类多，需要利用多种不同类型的专业报告。矿业权评估涉及矿产地质勘查、采矿、选矿、冶炼等工程技术专业，评估中需要利用矿产资源储量报告，确定可采储量；利用矿产地质勘查报告，确定有关和有效的勘查实物工作量；利用矿山建设设计文件，确定开采方式、采矿方法及其相关技术经济指标；确定选矿工艺及选别方法及其相关技术经济指标；

（3）不确定性因素多。与其他资产类型的评估相比，矿业权评估的不确定性较多，主要体现在：不同类型的矿产资源储量具有不同的不确定性；随着矿山生产勘探，矿产资源储量会发生不同程度的变化；采选工艺指标会不断变化；矿产品价格波动也会很明显。

（4）价值与评估内涵有关。矿产资源勘查权利的价值和矿产资源开采权利的价值，是矿产资源勘查区和矿产地价值的一种体现，与矿产勘查区、矿产地不可分割，具体表现为：第一，对于处于预查和普查阶段的勘查区，未查明矿产资源，矿产资源勘查权利的价值取决于投入的勘查工作成本及其效用以及勘查工作对未来找矿潜力和矿产资源开发前景的作用。这也是矿业权重置成本法评估结果的内涵。分析勘查投资的价值构成，能够清晰理解勘查权利价值。第二，对处于详查和勘探阶段的勘查区，或已查明矿产资源的矿产地，矿产资源开采权利的价值取决于矿产资源的开发价值。而矿产资源开发价值取决于矿床本身的禀赋优势，如矿床及矿体的储量、矿石的品位、开采条件、矿石的选冶及加工性质等一系列因素。

（四）矿业权价值的影响因素

一般说来，影响矿业权价值的因素主要有以下几个方面。

（1）矿产资源本身的稀缺程度和可替代程度。在市场需求一定的情况下，矿产资源的稀缺程度越高，可替代程度越低，其矿业权价值也越高。同时，由于国家对稀缺资源一般会实行保护性开采政策，稀缺的矿产资源矿业权通常具有更高的价值。

（2）矿产品的供求状况。矿产品的供求状况决定矿产品价值的实现程度，决定何种等级的矿产资源将被投入到开采过程，从而影响矿业权的价值高低。

（3）矿床自然丰度和地理位置。矿床的自然丰度是通过矿体规模、形态、产状、厚薄、品位和埋深等一系列指标综合反映的。在一定的技术经济条件下，矿床的自然丰度越高，开采所需投入的成本越低，企业的超额利润会越大，矿业权价值也会相应增加。矿床的地理位置对矿业权价值的影响有时甚至超过矿床本身的丰度。矿床距离加工和消费地的远近、运输条件和矿山建设条件的优劣，也会影响企业的生产成本。

（4）科技进步。科技进步的作用体现在：①会使一些原来没有被利用的或者被认为无法利用的伴生元素或矿物得到开发和利用，从而使矿产资源总规模扩大，市场供给增加；②可以发现已被使用的矿产资源新的或更有效的利用价值，从而改变和增加矿业权的价值；③可以发现和创造对矿产资源开发、利用更有效的方法，使采掘企业的技术经济指标发生显著变化，使采矿企业的收益增加，也使矿业权的价值上升；④可以发现和创造更加有效或现代化的找矿方法，使矿产资源勘查的成本和风险降低，勘查工作和环境治理的费用水平下降，从而改变矿业权价值。

（五）矿业权评估尽职调查与资料收集

1. 尽职调查

尽职调查是指为全面掌握评估对象信息而进行的查证和核实。矿业权评估尽职调查通常包括：

（1）评估对象权属状况；

（2）地形地貌等自然条件；

（3）交通、供电、供水等基础设施及区域经济发展状况；

（4）勘查、开发历史及现状；

（5）野外主要地质勘查实物工作量状况；

（6）矿山建设和生产经营状况；

（7）周边的勘查、开发活动；

（8）当地矿产品、矿业权市场状况，以及评估对象以往的评估和交易状况；

（9）其他需要调查的事项。

2. 资料收集

评估资料一般包括以下几方面：

（1）评估对象权属资料；

（2）评估对象目前和历史状况及相应的证明材料；

（3）地质勘查类资料；

（4）矿山开发（预）可行性研究、初步设计等资料；

（5）财务会计及生产经营资料；

（6）相关法律、法规及规范性文件；

（7）行业信息、市场询价、数据分析等资料；

（8）其他专业报告等。

二、收益法

收益法适用于采矿权评估和勘查程度较高的探矿权评估，其中包括折现现金流量法和折现剩余现金流量法，适用于：①详查及以上勘查阶段的探矿权评估；②赋存稳定的沉积型大中型矿床的普查探矿权评估；③拟建、在建、改扩建矿山的采矿权评估；④具备折现现金流量法适用条件的生产矿山的采矿权评估等。

（一）折现现金流量法

1. 折现现金流量法定义

该方法是将矿业权所对应的矿产资源勘查、开发作为现金流量系统，将评估计算年限内各年的净现金流量，以与净现金流量口径相匹配的折现率，折现到评估基准日的现值之和，作为矿业权评估价值。

2. 数学表达式

$$P=\sum_{t=1}^{n}(\mathrm{CI}-\mathrm{CO})_t\times\frac{1}{(1+i)^t}$$

式中，CI = 年销售收入 + 固定资产残值回收 + 流动资金回收；CO = 固定资产投资（含新增投资）+ 流动资金 + 经营成本 + 销售税金及附加 + 所得税；i 为折现率（包含矿产开发投资的合理报酬），我国矿业权评估的贴现率一般选取 12%；t 为年序号（t=1，2，…，n）；n 为评估计算年限。

（二）折现剩余现金流量法

折现剩余现金流量法将评估计算年限内各年的净现金流量，逐年扣减与矿产资源开发收益有关的投资合理报酬后的剩余现金净流量，以与剩余现金流量口径相匹配的折现率，折现到评估基准日的现值之和，作为矿业权评估价值。

数学表达式如下：

$$P=\sum_{t=1}^{n}(\mathrm{CI}-\mathrm{CO}-I_p)_t\times\frac{1}{(1+i)^t}$$

式中，I_p 为与矿产资源开发收益有关的开发投资合理报酬。

三、重置成本法

（一）重置成本法基本思路

重置成本法是基于探矿权所对应的矿产地质勘查工作投入及其效果与探矿权价值存在内在联系或依存关系作为前提的，是通过估算矿业权重新获得需要花费的全部现时费用的路径来判断矿业权价值的各种评估技术方法的总称。重置成本法常用的具体评估方法包括勘查成本效用法和地质要素评序法。

（二）重置成本法适用范围

重置成本法多用于探矿权价值的评估。当探矿权所对应的矿产地的勘查程度较低，资源储量的可靠性差，不适合采用收益法评估探矿权价值时，一般考虑采用重置成本法对其价值进行评估。

重置成本法适用于矿产资源预查和普查阶段的探矿权评估，但不适用于赋存稳定的沉积型大中型矿床中勘查程度较低的普查阶段的探矿权评估。其中，勘查成本效用法，主要用于投入少量地表或浅部地质工作的预查阶段的探矿权评估，或者经一定勘查工作后找矿前景仍不明朗的普查探矿权评估。地质要素评序法，主要用于普查阶段的探矿权评估，也用于能够满足要求的预查阶段的探矿权评估。

（三）重置成本法评估模型及其数学表达式

重置成本法是通过成本途径评估矿业权的方法之一，适合于对找矿前景还不明朗的预查、普查阶段的探矿权评估，也可用于对地勘成果资产的评估。

在我国探矿权评估实践中，勘查成本效用法由重置成本法发展而来。勘查成本效用法是指采用效用系数对地质勘查重置成本进行修正，估算探矿权价值的具体评估方法。其数学表达式如下：

$$P=C_r\cdot F=\left[\sum_{i=1}^{n}U_i\cdot P_i\cdot(1+\varepsilon)\right]F$$

或

$$P=C_r\cdot F=\left[\sum_{i=1}^{n}U_i\cdot P_i+C\right]F$$

式中，P 为探矿权评估价值；C_r 为重置成本；U_i 为各类地质勘查技术方法完成的实物工作量；F 为效用系数；P_i 为各类地质勘查实物工作对应的现行价格和费用标准；ε 为岩矿测试、其他地质工作（含综合研究及编写报告）工地建筑等间接费用的分摊系数；C 为岩矿测试、其他地质工作（含综合研究及编写报告）工地建筑等间接费用；$F=f_1 f_2$；f_1 为勘查工作布置合理性系数；f_2 为勘查工作加权平均质量系数；i 为各实物工作量序号（i=1，…，n）；n 为勘察实务工作量项数。

【例 7-3】甘肃一铜矿普查探矿权评估，经计算各项重置成本合计为 320.62 万元，间接费用分摊系数为 0.3，加权平均效用系数取 1.78。试计算探矿权评估值。

$$P=320.62\times(1+0.3)\times1.78=587.82\ (\text{万元})$$

四、约当投资额——贴现现金流量法

约当投资额——贴现现金流量法，主要用来评估探矿权在探矿权人之间的转让价格，是通过对新探矿权人未来开采投入的全部资产的预期收益现值进行估算，按原探矿权人和新探矿权人投资的比例对预期收益现值进行分割，以原探矿权人分割所得的预期收益现值来确定探矿权的转让价格。

（1）先计算新探矿权人的资产收益现值：

$$W=\sum_{t=1}^{n}\left[W_t\times\frac{1}{(1+r)^t}\right]$$

式中，W 为资产收益现值；W_t 为第 t 年的收益额；r 为资本化率；n 为计算年限。其中

$$W_t=\text{年销售收入}-\text{年经营成本}-\text{年资源补偿费}-\text{资源税金}-\text{其他税金}$$

（2）计算原探矿权人、新探矿权人投资现值，原探矿权人投资现值 T_y 可采用重置成本法计算，新探矿权人投资现值 T_x 可用贴现法计算。

$$T_x=\sum_{t=1}^{n}\left[T_t\times\frac{1}{(1+r)^t}\right]$$

式中，T_x 为新探矿权投资累计现值；T_t 为第 t 年的投资值；n 为投资年限。

（3）计算探矿权评估价值：

$$W_p=\frac{T_y}{T_y+T_x}\times W$$

式中，W_p 为探矿权评估价值；T_y 为原探矿权人投资重置全价。

五、地勘加和法

地勘加和法是利用地勘投入的重置成本加以地勘投入所分配的超额利润来确定探矿权价值，是重置成本法和现金流量法相结合的一种评估方法。

$$W_p=P_x+L_n$$

$$L_n=M\times\frac{T}{T+G}$$

式中，P 为探矿权评估值；P_x 为不含勘查风险的探矿权净价；L_n 为应分配的超额利润；

M 为超额利润总额；T 为地勘总投资；G 为矿山建设总投资。

该方法适合于单独以高精度勘查阶段地勘成果资产投资为目的的评估。

六、市场法

该方法是指在评估某一矿业权价值时，将待评估矿业权与近期完成交易的、环境和地址条件类似的矿业权的各项技术经济参数进行对比研究，分析两者的差异，对所选定的参照物（已成交的矿业权）价格进行调整，通过市场比较的途径来估算待评估矿业权资产价值的方法。

公式如下：

$$P_s = \frac{\sum_{i=1}^{n} (P_x \cdot \mu \cdot \omega \cdot \tau)_i}{n}$$

式中，P_s 为待估矿业权价值；P_x 为参照的矿业权成交价格或评估值；μ 为可采储量调整系数；ω 为品位调整系数；τ 为差异调整系数；i 为年度；n 为参照矿业权项数。

课后练习题

一、在线测试题

【在线测试题】
扫描书背面的二维码，获取答题权限。

扫描此码 在线自测

二、简答题

1. 简述资源性资产的概念及特征。
2. 简述资源性资产的评估思路。
3. 简述森林资源资产的价值内涵。
4. 试比较各种森林资源资产评估方法的适用对象和条件。
5. 比较各种矿业权评估方法的适用对象和条件。

三、计算题

1. 现对某一金矿探矿权进行评估，对该探矿权采用折现现金流量风险系数调整法计算，计算得到净现金流量现值为 1 000 000 万元，经分析计算该探矿权的矿产开发地质风险系数为 0.2，则该探矿权的价值是多少？

2. 被评估资产为一待开采金属矿的探矿权。该矿由甲勘探队于 2001 年 1 月初开始进行投资勘探，2003 年 12 月末完成了全部勘探工作，并形成了完整的资料，具备了投资开采的条件。2004 年 1 月甲勘探队拟将勘探成果转让给乙企业并由乙企业进行开采，要求评估探矿权价值，并将评估基准日确定为2004年1月1日。评估人员调查得知，甲勘探队在3年的勘探过程中，每年投资100万元，资金均匀投入，在这3年中，相应物价指数每年递增5%，该金属矿可开采量为1 000万吨。乙企业从2004年1月开始投资，如果每年投资500万元，资金均匀投入，3年后可形成年开采矿石100万吨的生产能力。假设该矿矿石每吨售价500元，每年获得的利润总额为销售收入的15%，所得税税率为33%，适用折现率为10%，假设除投资条件外不考虑其他因素，请采用约当投资额——贴现现金流量法评估该探矿权的转让价值。

3. 安徽一铜矿普查探矿权评估，经计算各项重置成本合计为520万元。间接费用分摊系数为0.25，加权平均效用系数取1.8。请用勘查成本效用法计算探矿权评估值。

4. 某东北防护林过去5年的生产成本均为20万元，过去5年中，每年的物价上涨率是5%，该防护林的林分质量系数是1.2，林龄是5年，适用折现率是10%。请评估该防护林的价值。

第八章 流动资产评估

学习目标

通过本章学习，应该能够：

熟悉流动资产的概念及其评估特征；

掌握流动资产的评估方法。

思政导读

流动资产是指一年内或超过一年的一个经营周期内变现或耗用的资产。流动资产是企业整个经营活动的重要经济资源，是资产中变化最频繁、最活跃的资产，在整个再生产过程中起着至关重要的作用。流动资产扣减流动负债是公司的营运资金，它对公司的运营能力、盈利能力会产生很大的影响。公司生产经营过程中如果某一环节流动资产投入不足，会引起生产经营活动的中断，这一点对初创企业资金管理来说尤为重要。

在我国经济体制改革不断深化的背景下，市场经济环境日益复杂、多变，营运资金配置效率在一定程度上决定了大企业资金配置的效率及中小企业的存活能力，所以科学、合理地调整与优化流动资产管理，提高企业绩效，增强企业经济实力，才能使企业在竞争激烈的市场环境中立于不败之地。流动资产过多，会增加企业的财务负担，影响企业的利润；流动资产不足，则其资金周转不灵，影响企业的经营。总之，企业流动资产管理中易存在的问题主要有：①企业的重复建设造成流动资产资源浪费；②企业财务造假造成流动资产流失；③部分企业的经营者或财务人员为了追求当期的业绩和个人利益在财务上造假，形成了企业虚假的财务状况，导致流动资产潜亏。此外，部分企业对现金管理松懈，造成流动资金闲置或不足；④企业流动资产日常管理不规范等。

企业流动资产评估不仅对企业产权变动议价给出参考，还可以帮助企业更好进行流动资产管理。实践中通常将流动资产评估分为实物类、货币类和债权类三种。

（资料来源：刁永．企业流动资产管理存在的问题及对策研究 [J]. 新财经（理论版）2011.4）

流动资产对于企业，特别是初创企业意义重大。本章将从各类流动资产特征出发，在掌握其价值特征基础上解析各类资产评估方法。

第一节　流动资产评估概述

一、流动资产内容及其特点

在企业资产中，流动资产是很重要的一部分，它是指在企业的生产经营活动中，可以在一年或超过一年的一个经营周期内变现或耗用的资产。流动资产在企业资产评估时具有重要地位。在众多的流动资产分类方法中，从资产评估的实际工作出发，一般可分为实物类流动资产（如各种材料、各种产品）、债权类流动资产（如应收账款、应收票据等）和货币类流动资产（如现金、银行存款）。

流动资产与固定资产等资产相比，具有如下特点：

（1）循环周转速度快。这是流动资产最主要的特征，在辨别一项资产是不是流动资产时，最主要是看这项资产的周转情况。流动资产在使用中通常只经历一个生产周期就会改变其实物形态，将其所有价值转移到了形成的产品中，从而构成了成本费用中的一部分并最终在营业收入中得到补偿。

（2）变现能力强。流动资产可在比较短的时间内变卖或出售，可以帮助企业对外支付和偿还债务。流动资产的形态不同，变现速度也不同，货币类的流动速度大于债权类，债权类的流动速度大于实物类。

（3）占用形态同时并存又相继转化。在企业的再生产过程中，流动资产依次经过购买、生产、销售各个阶段，并分别采取货币资产、流动资产、储备资产、生产资产和成品资产等形态不断地循环流动。因此，流动资产是以多种形态并存于企业生产经营过程各个阶段的。同时，各种形态的流动资产又按照生产经营过程的顺序相继转化，如此周而复始地形成流动资金循环和周转过程。

（4）波动性大。由于企业的流动资产一般要不断地进行购买和售卖，所以受市场商品供求变化和生产、消费的季节性影响较大。另外，流动资产还受到外部经济环境、经济秩序等因素的制约，使其占用总体以及流动资产的不同形态构成比例呈现出波动性。

二、流动资产评估的特点

与其他资产评估比，流动资产评估具有以下特点：

（1）流动资产评估是单项评估。评估对象是单项资产，只能根据本身特点评估而不能以其综合获利能力进行价值评估。

（2）注意选择评估基准时间。根据流动资产的特点，具有流动性和波动性，不同形态的流动资产可能随时变动，人为不能停止其运转。而资产评估是要确定一项资产在某一时点上的价值。因此，要更加严格地要求流动资产评估的时点，一般选择接近会计期末或者与利用评估结论的时点一致。

（3）分清主次，掌握重点。由于流动资产种类多、数量大，所以评估时间和评估成本要同时考虑。在评估时要根据每个企业不同的生产经营特点和所要评估的流动资产的分布，分清主次，具体问题、具体分析。

（4）流动资产的账面价值基本上可以反映其现值。由于流动资产流动性好，几种估价标准的差异较小，资产的账面价值基本反映了流动资产的现值，但其受企业牵制大，对企业会计核算资料依赖程度高，很多数据需要依靠企业内部的资料，如果企业自身不配合或者造假，将对流动资产最终的评估结果造成很大的影响。

三、流动资产评估目的和价值类型

（一）评估目的

（1）企业产权变动。企业产权变动是在现代企业制度下由市场进行生产条件配置的一种重要形式。所谓企业产权，包括所有权、经营权、使用权、占有权等，不仅仅局限于所有权。由于企业产权变动将涉及不同经济主体的权益，所以需要进行资产评估。

（2）企业清算、资产变卖。企业清算的含义是指企业按章程规定解散以及由于破产或其他原因宣布终止经营后，对企业的财产、债权、债务进行全面清查，并进行收取债权，清偿债务和分配剩余财产的经济活动。

（3）保险索赔，一般涉及对单独流动资产评估。

（4）对外投资，亦称“海外投资”，是指主权国家为获取外汇收入或挤入国外市场向其他国家或地区进行的投资。在投资前进行流动资产评估可以决定投资的规模和周期等。

（二）价值类型

（1）在正常情况下，如流动资产的正常变卖、保险索赔、投资等，这些流动资产评估的价值类型均应为市场价值。

（2）在采用成本法评估企业价值的情况下，企业的价值类型与流动资产的价值类型不同，前者是市场价值，后者是在用价值。

（3）清算价格，即在非正常市场上限制拍卖的价格，适用于企业破产、抵押、停业清理等情况下的价值评估。

四、流动资产评估的程序

流动资产评估的程序由以下六点构成。

（1）确定评估对象和评估范围。评估对象是指要进行评估的流动资产，要根据资产和评估的特定目的而定。评估范围是指评估对象所涉及的具体范围，特别要注意的是待估流动资产的产权归属。

（2）清查核实。在对被评估的流动资产进行清查后，要对结果进行核实，主要包括以下内容：核实流动资产清查登记表中关于流动资产的内容，并核查流动资产的使用权或所有权，注意核实流动资产与非流动资产的界限。

（3）实物形态的流动资产进行质量检测和技术鉴定。被评估企业的流动资产清单就是被评估流动资产的基础资料，要对其进行验证、技术鉴定和质量检测。

（4）对债权的情况进行分析。根据评估目的，对企业当前所面临的市场情况、债券等进行分析。在进行市场情况的调查过程中主要是考察所评估的企业内各种存货的价格水平及销路。

（5）选择合理的评估方法。评估方法的选择应考虑评估目的、资产业务性质及不同种类流动资产的特点。对实物类流动资产，可以采用重置成本法或市场法；对货币类流动资产，由于货币资金本身就是价值尺度，不存在评估问题，只存在不同币种的折算问题；对债权类流动资产，适用可变现净值确定评估值；对其他类型流动资产应分别就不同情况进行评估方法的选择。

（6）评定估算，确定评估结论。按上述评估程序评定估算后可得出相应的评估结论。

第二节　实物类流动资产的评估

实物类流动资产主要包括各种材料、在产品、产成品（库存商品）、低值易耗品及包装物等。

一、材料价值评估

（一）材料价值评估的内容和步骤

材料评估主要是对库存材料进行评估，在企业的生产经营中，库存材料是需要继续加工的对象，属于劳动对象，其中包含了许多材料。材料价值应按照以下步骤进行评估：

（1）盘点实物；

（2）对所需评估的材料进行检查与鉴定；

（3）根据不同需求和材料的性质，选择恰当的评估方法，在这个过程中使用较多的是市场法和重置成本法。

（二）材料价值评估的方法

1. 加和法

（1）对最近购买的材料，因为刚刚购进，库存时间很短，这个时限市场价格变化小，所以这类材料的评估可以直接以材料的市场价格加上购置费用作为评估价值。因其账面值与现行的市场价格很接近，也可把核实无误后的账面价值作为其评估价值。

对于购进原材料时发生的运杂费，可以分为两种情况：从本地购入和从外地购入。当从本地购入时，由于运杂费用很少，可以不作为原材料成本而直接作为期间费用，所以评估时可以不考虑。假设是从外地买进，运杂费比较多，这时就不可以忽略，需要将其计入被评估材料的评估值。

【例 8-1】某企业一个月前购入一批材料，材料明细账的记载为：数量 600kg，单价 30 元 /kg，运杂费为 60元。根据材料消耗的原始记录和清查盘点，评估时库存尚有 300kg。根据以上资料，可以确定该材料的评估值如下：

材料评估值 =300×（30+60/600）=9 030（元）

（2）对于采购周期长且价格波动大的材料，通常有两种方法可以评估：一是直接以评估基准日的材料市场价格作为评估依据，并在考虑采购成本后确定评估价值；二是以材料的市场价格用作评估的基础。

【例 8-2】在对某企业的某种材料进行评估时，评估基准日为 2018 年 11 月 31 日。该材料分两个时间购进，第一个购进时间为 2018 年 1 月 5 日，购进 1 000 吨，单价为 300 元 / 吨；第二个购进时间为 2018 年 11 月 1 日，购进 2 000 吨，单价为 400 元 / 吨。到 2018 年 11 月 21 日，在 2018 年 1 月 25 日购入的甲材料尚有库存 200 吨，2018 年 11 月 1 日购入的材料尚未使用，此时需评估的某材料数量为 2 200 吨，可用现行的市场价格 400 元 / 吨计算，则评估值如下：

材料的评估值 =400×（2 000+200）=880 000（元）

（3）缺乏准确现行市场价格的库存材料的评估。对于部分库存材料，由于购进时间比较早，目前市场已脱销，没有准确的市场价格，所以只能通过别的方法来确定，如通过以下情况修改该材料的价格：寻找替代品的价格变动资料、分析该材料在市场上供求情况的变动或通过市场上与所评估材料同类材料的平均物价指数来判断。

（4）缺乏以当前市场价格准确评估库存材料的能力。对于某些库存材料，由于购买时间更早，当前市场缺货，并且没有准确的市场价格，所以只能通过其他方法来确定，如通过以下情况修改材料的价格：查找提供有关替代品价格变化的信息，分析市场上材料的供求变化，并将评估后的材料传递给市场上同类材料的平均价格指数。

（5）对材料的损益评估。没有库存损失的实际材料，不需要进行评估，也不会涉及评估问题，应将其直接从库存材料申报表中删除，以确保库存材料评估结果的可靠性。对盘盈材料评估，由于盘盈材料没有在材料账户上记录历史成本信息，所以通常使用当前市场价格方法或重置成本方法进行评估。

2. 市场法

资产业务需要单独涉及材料价值评估时，主要采用市场法，即根据市场价格对材料价值进行评估。

【例 8-3】某企业对其库存的 A 材料进行价值评估。该材料分两批购进，第一批购入时间为前一年 7 月，购进 700 吨，单价 2 400 元 / 吨；第二批购入时间为本年 1 月，数量 100 吨，单价 2 000 元 / 吨。本年 2 月 1 日进行价值评估，经核实，前一年购进的该材料尚存 500 吨，本年 1 月购的尚未使用。因此，需评估 A 材料的数量是 600 吨，可直接采用现行市场价格 2 000 元 / 吨计算，购置费率为 1%，评估值如下：

A 材料的评估值 =600×2 000×（1+1%）=1 212 000（元）

二、在产品价值评估

企业在产品是指已经加工但不能单独销售的在制品和半成品。一般而言，购买的半成品应作为库存材料进行评估，可以直接对外出售的自制半成品应作为库存产品进行评估。由于在生产中的产品数量不易检查，并且需要进行评估以估计完成程度，因此，应根据其特性评估在生产中的产品并合理使用成本法或市场法。

（一）在对企业价值评估采用资产基础法情况下涉及的在产品价值评估

这种情况下需要评估的是在产品的在用价值，即重置价值，可用重置成本法评估。重置成本法评估中的具体操作方法有以下 3 种：

1. 根据价格变动系数调整原成本确定评估值

可以参考实际原始成本，并根据评估期间的市场价格变化将原始成本调整为重置成本，以确定评估价值。该方法主要适用于生产经营正常、会计核算水平高的企业。使用价格变动系数调整原始成本方法以评估在产品。首先，对要评估的在产品进行技术评估，然后从总成本中剔除不合格产品的成本。其次，分析原始成本和不合理支出的构成，从总费用中进行排除；分析从生产准备到评估基准日的构成产品的材料的价格变化，并计算价格变化系数；从生产开始就分析产品的工资、燃料、电力和制造成本，在评估基准日期变化时，计算调整系数。最后，根据原始成本构成和构成要素的调整系数进行调整，确定评估价值。计算公式如下：

在产品评估值＝原合理材料成本×（1+ 价格变动系数）＋原合理工资及其他费用×（1+ 合理工资及其他费用变动系数）

上述公式中，工资虽然是一种直接费用，但在实际计算中比较难以确定，所以一般把它和其他费用等合并作为一个费用项目来计算。当然如果能直接确定工资，也可以把工资和其他费用分开来评估。

2. 按社会平均消耗定额和现行市价计算评估值

社会平均消耗定额和现行市价法，是指按照重置同类资产的社会平均成本确定估资产的价值。在采用该方法进行在产品评估时，要注意以下几点：（1）被评估在产品的完工程度；（2）被评估在产品有关工序的工艺定额；（3）被评估在产品耗用材料的近期市场价格；（4）被评估在产品的合理工时费用标准。该方法的基本计算公式如下：

在产品评估值＝在产品实有数量×（该工序单件材料工艺定额×单位材料现行市价＋该工序单件工时定额×正常的小时工资及其他费用标准）

对于工艺定额标准的选取，首先要考虑行业的统一工艺定额标准；如果没有行业的统一工艺定额标准，则参照企业的现行工艺定额标准。

【例 8-4】某公司生产过程中，A 种在产品 100 件，已知每件的材料消耗定额为 60kg，每千克的市场单价为 25 元；在产品累计单位工时定额 30h，每定额小时的燃料和动力费用定额 0.70 元、人工定额 10.00 元、其他费用定额 5.00 元，该在产品不存在变现风险，则该在产品的评估值如下：

直接材料成本 =100×60×25= 150 000（元）

燃料和动力成本 =100×30×0.70= 2 100（元）

直接人工成本 =100×30×10.00= 30 000（元）

其他费用成本 =100×30×5.00= 15 000（元）

在产品的评估值 =150 000+2 100+30 000+15 000=197 100（元）

3. 按在产品的完工程度计算评估值

按在产品的完工程度计算评估值也叫作约当产量法，是指将在产品的数量，按其完工程度折算为相当于完工产品的数量（即约当产量），然后根据产成品的正常成本和约当产量计算在产品评估值的方法，其计算公式如下：

在产品评估值＝产成品重置价值×在产品约当量

在产品约当量＝在产品数量×在产品完工率

其中，在产品的完工程度有很多种确定方法，可以根据已完成工序（工时）与全部工序（工时）的比例来确定，也可根据生产完成时间与生产周期的比例来确定。

【例 8-5】某公司进行资产评估时，有 A 种在产品 200 件，已知这批在产品的材料投入量为 90%，加工程度为 40%。该产品的单位定额成本为：材料定额 500 元，工资定额 300 元，费用定额 700 元，则该在产品的评估价值如下：

在产品材料约当产量 = 200 × 90% = 180（件）

在产品工资及其他费用约当产量 = 200 × 40% = 80（件）

在产品评估值 = 180 × 500 + 80 ×（700 + 300）= 170 000（元）

（二）资产业务单独涉及在产品价值评估

当资产业务单独涉及在产品价值评估时，可根据资产业务的需要，或直接以在产品的市场价格作为评估值，或以在产品的可变现价格作为评估值。

三、产成品及库存商品价值评估

产成品和库存商品是指已经入库的产成品和已经过质量检验但尚未办理入库手续的产成品，以及商品流通企业的存货。这时，应根据评估的目的、实现能力和市场可接受的价格来评估此类资产。

（一）以出售为目的的产成品价值评估

以出售为目的的产成品价值评估应直接以现行市场价格（一般为不含税的出厂价格）作为其评估值，而无须考虑扣除其销售费用和税金。

（二）以投资为目的的产成品价值评估

用于投资目的的成品价值评估，在新企业中以市场价格出售制成品后，流转税和所得税将从企业中流出，并且还应补偿额外的销售成本，以其可变现净值作为评估值。

1. 重置成本法

重置成本法用于评估生产加工企业的产成品，确定产成品的可变现净值。评估值可以在考虑成品生产和制造中产生的所有正常且合理的成本和费用后确定。在具体的评估过程中，可以分为以下 3 种情况：

（1）评估基准日接近成品的完工时间，并且公司的会计水平较高。成品的账面成本可以反映出社会正常合理的成本水平。在这种情况下，可以将企业成品的账面价值直接添加到适当的利润中以确定评估价值。可以根据平均社会利润水平确定适当的利润，其计算公式为下面两种形式：

产成品评估值 = 产成品数量 ×（产成品单位成本 + 适当单位利润）

产成品评估值 = 产成品数量 × 产成品单位成本 ×（1+ 成本利润率）

【例 8-6】经某评估事务所核查，甲企业产成品实有数量为 1 000 件，根据该企业的成本资料，结合同行业成本耗用资料分析，合理材料工艺定额为 500kg/ 件，合理工时定额为 28h。评估时，由于生产该产成品的材料价格上涨，由原来的 59 元 /kg 涨至 65 元 /kg，单位小时合理工时工资费用不变，仍为 26 元 /h。根据上述分析和有关资料，可以确定该企业产成品评估值如下：

产成品评估值 =1 000×（500× 65 + 28 × 26）= 33 228 000（元）

（2）评估基准日与最终产品完成之间的时间间隔很长，并且最终产品的成本差异很大，但是公司的会计水平很高。产成品的账面成本可以反映产成品完成后社会的正常合理水平。也就是说，成品的原始成本结构是合理的，只有材料的价格和成本标准发生了变化，则可采用以下公式计算评估值：

产成品评估值 = 产成品实际成本 ×（材料成本比例 × 材料综合调整系数 + 工资、费用成本比例 × 工资、费用综合调整系数）×（1+ 成本利润率）

【例 8-7】甲企业的产成品实有数量为 200 台，每台实际成本为 200 元，经了解该成本水平基本反映了目前该种产品的社会平均水平。根据企业的会计核算资料，生产该产品的材料费用与工资、其他费用的比例为 70 : 30，根据目前价格变动情况和其他相关资料，确定材料综合调整系数为 1.50，工资、费用综合调整系数为 1.1，产品的成本利润率为 10%，由此计算的该产成品的评估值如下：

产成品评估值 =200×200×（70%×1.50+30%×1.1）×（1+10%）=60 720（元）

（3）企业会计水平低，产成品的账面成本不能反映社会正常合理的成本水平，则采用以下公式计算评估值：

产成品评估值 = 产成品实有数量 ×（合理材料工艺定额 × 材料单位现行重置价格 + 合理工时定额 × 单位小时合理工资、费用）×（1+ 成本利润率）

上述重置成本法主要用于正常生产和销售的产成品变现净值的估算，如果产成品已近滞销，则可能出现可变现净值小于其成本的情况，即成本都无法收回，这种情况下就不宜再采用重置成本法。

【例 8-8】有一公司对某企业进行资产评估。经清查审核，该企业某种产成品实有数量为 500 件，根据该企业的成本资料并结合对行业成本费用资料的分析确定，合理材料工艺定额为 100kg/ 件，合理工时定额为 15h。评估时，了解到生产该种产成品材料价格已经上涨，由原理的 40 元 /kg 涨至 45 元 /kg，单位小时合理工资、费用为 20 元 /h，产成品的适当成本利润率为 10%。根据上述分析和有关资料，可以确定该种产成品的评估值为：

产成品评估值 =500×（100×45+15×20）×（1+10%）=2 640 000（元）

2. 市场法

这种方法是指按不含价外税的产成品市场价格，扣除全部税金、全部销售费用及适当利润后计算被评估产成品的评估值，其计算公式如下：

产成品评估值 = 产成品实有数量 ×（不含税出厂单价 – 全部税金 – 全部销售费用 – 适当利润）

其中，税金包括流转税和所得税。适当利润应根据产品的市场销售情况确定：一般而言，对于非常受欢迎的产品，不会扣除任何利润，但会扣除所得税，即对于几乎不能出售的产品，会扣除全部利润；对于正常销售的产品，应根据产品销售的具体情况扣除适当的利润。

应用市场法评估产成品价值时，在选择市场价格时应注意考虑下面几项因素：

（1）产成品的使用价值。根据对产成品本身的技术水平和内在质量的技术鉴定，确定产成品是否具有使用价值及产成品的实际质量等级，以便选择合理的市场价格。

（2）分析市场的供求关系和被评估产成品的市场前景。

（3）所选择的价格应是公开市场上所形成的近期交易价格，非正常交易价格不能作为评估依据。

（4）对于产成品尚能使用，但其外表存在不同程度的残缺，可根据其损坏程度，确定一个损耗率，或按照降低等级后的产品进行评估。

【例 8-9】某畅销产品实际数量为 100 件，其目前正常的出厂价格为 600 元 / 件（含增值税，税率为 17%）。经了解确定，该产品的销售费用率为 2%，销售税金及附加占销售收入的比例为 1%。销售利润率为 15%，所得税率为 33%。根据上述资料计算的该 100 件产品的评估值如下：

评估值 = 实际数量 ×（不含税出厂单价 – 销售税金 – 销售费用 – 所得税）

=100×600/1.17×（1–2%–1%–15%×33%）=47 205.13（元）

对于商业企业的库存商品的价值评估，可参照前面的材料价值评估，因为库存商品与材料一样，在购进后未改变其存在状态。所不同的是生产企业材料购进的目的是用于生产，商品购进的目的是用于销售，所以库存商品在评估原理上与材料是相同的。

四、在用低值易耗品价值评估

低值易耗品是与库存中的流动资产相差很大的资产，但由于单位价值相对较低且容易损坏，所以为便于核算，将其归类为流动资产。从资产评估的角度看，涉及对在用低值易耗品进行评估的资产业务主要有两种类型。

（一）对在用低值易耗品在用价值的评估

这种情况下，一般采用重置成本法，其计算公式如下：

在用低值易耗品评估价值 = 在用低值易耗品重置成本 × 成新率

在用低值易耗品重置成本 = 全新在用低值易耗品的市场价格 + 购置费用

全新在用低值易耗品的市场价格可采用直接市场询价的方法确定；购置费用依据具体购置情况按购买价的一定比例确定。由于一般情况下购置费用较小，或者销售商可送货上门，也可不考虑，直接以全新的在用低值易耗品的市场价格作为重置成本。

成新率的估算可采用观察法或使用年限法获得。采用观察法估算成新率，由于低值易耗品的使用期限比较短，一般不考虑其功能性损耗和经济性损耗。在确定成新率时，应根据其实际损耗确定，一般不能按照其摊销方法（一次摊销或分次摊销）确定。成新率的计算公式如下：

成新率 =（已使用月份 ÷ 可使用月份）×100%

由于在用低值易耗品的使用期限相对于固定资产来说较短，所以在评估中一般不考虑其功能性贬值问题。

【例 8-10】对某公司进行评估，该公司有一批在用的低值易耗品，数量 100 件，每件原价为 50 元，预计使用期限为 1 年，截止到评估基准日已使用了 6 个月，该批低值易耗品的现行市场价格为 100 元 / 件，则该批低值易耗品的评估值如下：

低值易耗品的评估值 =100×100×0.5=5 000（元）

（二）对在用低值易耗品市场价值的评估

评估在用低值易耗品市场价值一般采用市场法。首先，要了解市场是否有购买旧货需求，如有需求，可按市场可接受价格评估；其次，若无需求，则需按废品回收价值进行评估。

如采用重置成本法评估，由于旧货交易不活跃，很难估算其贬值，评估结果的合理性难以判断。

第三节　债权类流动资产的评估

债权类流动资产主要包括应收账款、预付款项、应收票据及待摊费用等。

一、应收账款和预付账款的评估

企业的应收账款和预付账款是指公司在经营过程中由于赊销产品或服务而形成的尚未收回的款项以及公司按照合同约定预付给供货单位的货款等。

由于存在回收风险，所以有必要在评估期间判断和估计坏账损失，然后确定应收账款和预付账款的价值。二者评估方法相同，以下以应收账款为例介绍其评估方法。

应收账款的价值应为应收款项的可实现价值，其评估价值计算的基本公式如下：

应收账款评估值＝应收账款账面值－已确定的坏账损失－预计的坏账损失

根据以上计算公式，应收账款评估的基本流程如下：

（一）确定应收账款的账面价值

在评估相应的应收账款时，有必要进行检查和验证以确定应收账款的金额。评估人员需要检查新的账户和债务表，并尽可能根据客户清单发送查询，以查明每个应收账款发生的时间、金额、债务人的基本情况等，为估计的坏账损失提供证据。应仔细检查组织中独立会计部门之间的关系，以避免重新记录、缺少记录。

（二）确认已发生的坏账损失

确定的坏账损失是指在评估过程中可以确认为无法收回的应收账款。一般而言，符合下列条件之一的，确认为坏账损失金额：

（1）债务人在与财产清算后死亡，无法收回的应收账款；

（2）债务人破产的应收账款；

（3）债务人长期未履行债务清偿义务，有充分证据表明该债务不大可能被追回或追回，如应收债务人患病后确实无力偿还的款项。

（三）预计坏账损失的估算

确定估计的坏账损失，即判断收回应收款的可能性。影响收回可能性的因素有：

（1）商业交易的紧密程度和依存关系；

（2）债务人偿还债务的能力；

（3）被评估单位的收债能力和“三角债”欠款的影响。

从资产评估的角度来看，预计坏账损失的具体估计方法一般有以下三种：

（1）分类判断法。根据公司与债务人往来的历史和债务人的信誉，应收款分为可收回、部分收回和坏账。使用不同的类别来估计坏账损失的可能性（概率）并确定坏账损失。例如：①业务往来越多，债务人信用就越好，一般可以如期收回；②业务往来较少，债务人信用一般，一般收回可能性大但时间不确定；③间接（或偶尔）业务往来的情况下，债务人信用状况不明确，可能只有一部分可以被追回；④长期欠款或破产歇业等，可能无法收回或收回可能性很小；⑤有必要判断被评估单位的收债能力和“三角债”的相互影响。

（2）账龄分析法。账龄分析法是指根据应收款的欠款年限对应收款项可收回金额和产生坏账的可能性进行分析。应收账款能否顺利收回，取决于应收账款拖欠多长时间。一般而言，应收账款的年期越长，坏账的可能性就越大，可收回金额越低。因此，该方法主要是按账龄对应收账款进行分类，并估计每种应收款坏账损失的可能性，从而估计坏账损失的金额。

【例 8-11】对某企业的应收账款进行评估时，在表 8-1 所示的预计坏账损失率下，企业真正的应收账款价值为多少？

表 8-1 应收账款预计损失率 （单位：元）

账　　龄	应收金额	预计坏账损失率	坏账金额
三个月	304 000	1%	3 040
半年	143 000	10%	14 300
一年	202 400	15%	30 360
两年	107 000	25%	26 750
三年以上	101 600	43%	43 688
合计	858 000		118 138

根据上述资料，应收账款评估值如下：

858 000–118 138=739 862（元）

（3）坏账比例法。坏账比例法是指根据被评估企业若干年前（通常为 3~5 年）发生的实际坏账损失和应收款确定坏账的比例，然后根据该比例和所有应收款金额确定其估计的坏账损失。坏账比率是根据坏账的经验数据判断估计的坏账损失。坏账比率法是账龄分析法的简化。坏账比例的计算公式如下：

坏账比例＝评估前若干年发生的坏账数额 ÷ 评估前若干年应收账款余额

【例 8-12】对某企业应收账款进行评估时，根据账面的记载，截至评估基准日应收账款的账面余额为 500 万元。前 4 年的应收账款发生情况及坏账损失情况见表 8-2。

表 8-2 应收账款坏账情况 （单位：元）

时 间	应收账款余额	处理坏账金额
第 1 年	150	20
第 2 年	245	7.2
第 3 年	250	12
第 4 年	355	10.8
合计	1000	50

计算前 4 年坏账比例如下：

坏账比例 =（50/1 000）×100%=5%

预计坏账损失 =500×5%=25（万元）

二、应收票据的评估

应收票据是一种由付款人或收款人发出并由付款人承诺在到期时无条件付款的书面凭证。中国的应收票据主要是指商业汇票。商业票据可以依法转让，也可以申请银行贴现。应收票据根据承兑人的不同分为商业承兑汇票和银行承兑汇票。根据它们是否带有利息，可分为有息商业票据和无息商业票据。应收票据的评估可采用以下三种方法进行：

1. 按票据的本利和计算评估值

由于商业汇票有带息和不带息之分，所以对于不带息的商业汇票，其票面金额即为评估值。对于带息商业汇票的评估值则是本金和利息之和，其计算公式如下：

无息票据评估值 = 票面金额

附息票据评估值 = 票面金额 ×（1+ 利息率 × 时间）

【例 8-13】对某公司进行评估时，该公司拥有一张期限为一年的银行承兑汇票，票面金额为 10 000 元，月利息率为 1‰，截至评估基准日离付款期尚差 6 个月的时间，则确定应收票据的评估值如下：

应收票据的评估值 =10 000×（1+1‰ ×6）=10 060（元）

2. 按票据的贴现值计算评估值

在该方法下，应收票据的评估值即为按评估基准日到银行贴现可获得的贴现额，其计算公式如下：

应收票据评估值 = 票据到期价值 – 贴现息

式中，不带息票据的到期价值为票据的面值；带息票据的到期价值则为票据到期时的本利和金额。

贴现息的公式如下：

$$贴现息 = 票据到期价值 \times 贴现率 \times 贴现期$$

三、待摊费用的评估

（一）待摊费用需评估的情形和评估对象

待摊费用也称为预付费用，是指企业已经支付或发生的，但应在本月及以后的月份中承担的费用。摊销费用不能单独交易或转移，这意味着没有单独的资产业务需要摊销费用，仅在采用单一评估和汇总方法进行企业评估时，才涉及评估成本。预付款本身并不是一项资产，而是所消耗资产的反映，但其支出可以构成一项固定资产。因此，应根据预付款费用形成的特定资产的价值确定预付款费用的评估。

因为预付款是公司在评估日之前已花费的特殊资产，但也可以在评估日之后产生收益，如预付租金和预付保险费，这是将来获得服务的权利。因此，预付款的评估主要是评估将来获得服务的权利的价值。这主要是基于将来可以产生收益的时间。如果预付款项的收益在评估日期之前已完全实现，并且仅由于发生的金额太大而采用摊销方法，则该预付款项不应在评估中进行评估，而仅应对在评估后仍可使用的那些预付款项评估。待摊费用的评估对象是费用支出后形成的实物资产和权益。

（二）待摊费用评估的方法

待摊费用评估可分为两类：一类是按待摊费用账面余额确定评估值；另一类应根据实际内容评估，以待摊费用所对应的资产或权益作为评估对象。

【例 8-14】某资产评估公司受托对某企业待摊费用和预付费用进行单项评估，评估基准日为 2002 年 6 月 30 日。有关资料如下：企业截至评估基准日为 2002 年 6 月 30 日。有关资料如下：企业截至评估基准日待摊和预付费用账面余额为 86.78 万元，其中有预付 1 年的保险金 15.12 万元，已摊销 1.89 万元，余额为 5.67 万元；尚待摊销的低值易耗品余额 39.71 万元；预付的房租租金 25 万元，已摊销 5 万元，余额为 20 万元。根据租约，起租时间为 2000 年 6 月 30 日，租约终止期为 2005 年 6 月 30 日。评估人员根据上述资料进行如下评估：

（1）预付保险金的评估。根据保险金全年支付数额计算每月应分摊数额如下：

$$每月分摊数额 =151\,200 \div 12=12\,600（元）$$

$$应预留保险金（评估值）=12\,600 \times 6=75\,600（元）$$

（2）未摊销的低值易耗品的评估。低值易耗品根据实物数量和现行市场价格评估，评估值为 412 820 元。

（3）租入固定资产租金的评估。租入固定资产的价值按租约规定的租期和5年总租金的评估，租赁的房屋尚有3年使用权，则：

评估值 =50 000×3=150 000（元）

评估结果为：75 600+412 820+150 000=638 420（元）

需要指出的是，根据《企业会计准则》，对于超过1年（不包括1年）的预付账款收入及期间的各种费用，包括固定资产的大修费用，固定资产的改良费用等，在会计中应作为其他资产列示，并在“长期递延费用”账户中显示。由于长期递延费用本质上是一种费用，也是预付款项，这些费用的收益有望在将来实现，并且这些费用的数额一般很大。同时，长期递延费用通常没有实体，所以不能单独从外部转移。只有当企业的整体产权发生变化时，才可能涉及对长期待摊费用的评估。长期递延费用的产生导致了一些新资产或权利。这就是说，实现评估目的后仍然存在的一些资产和权利是评估对象，而这部分剩余资产和权利的价值就是评估价值。

在评估长期递延费用时，有必要了解其合法性、合理性、真实性和准确性，同时还要了解费用和费用摊销以及形成的新资产和权利以及生存条件。长期待摊费用的评估价值，按照实现评估目的后仍然存在且与其他评估对象不重叠的资产和权利的价值确定。由于涉及长期递延费用的时间较长，有时还涉及资金的时间价值问题，这时通常需要结合长期递延费用的内容和市场情况的变化来处理。

第四节　货币资金及短期投资的评估

一、货币资金的评估

货币资金包括现金、银行存款和其他货币资金。交易性金融资产包括持有上市公司的股权投资和债务投资等，它们被视为管理现金的替代品，并被作为商品资金进行管理。资产评估主要针对非货币资产。货币性流动资产不会因时间变化而有所不同。因此，对货币性流动资产的评估，尤其是对各种现金存款的评估，主要是基于对数的验证和确认。应当对现金存货进行盘点，并与现金日记账和现金分类账核对以实现实际账户。银行存款需要通过信件进行验证，以验证实际金额。在评估中，应将验证后的真实值作为评估值。国有外汇存款按评估基准日的国家汇率折算为人民币。交易性金融资产可视为现金的替代品，其主要目的是在正常运营中利用暂时多余的资金并购买可以随时变现的一些证券。这样可以在一定程度上提高资金使用效率。对于在证券市场上公开交易的有价证券，可以根据评估基准日的收盘价确定评估机。对于不能公开交易的有价证券，可以根据本金加持有期间的利息计算出评估价值。

二、短期投资的评估

短期投资包括交易性金融资产及其他短期投资。短期投资的评估以交易性金融资产的评估为主。

拓展阅读 8-1
基于业务计划和收益的数据资产价值评估研究
扫描此码 深度学习

（一）交易性金融资产评估

根据金融工具确认与计量会计准则的规定，满足下列条件之一的，应当划分为交易性金融资产：

（1）取得该金融资产的目的，主要是为了近期内出售或回购，如购入的拟短期持有的股票可作为交易性金融资产；

（2）属于进行集中管理的可辨认金融工具组合的一部分，且有客观证据表明企业近期采用短期获利方式对该组合进行管理，如基金公司购入的一批股票，目的是短期获利，该组合股票应作为交易性金融资产；

（3）属于衍生工具，即一般情况下，购入的期货等衍生工具，应作为交易性金融资产，因为衍生工具的目的就是为了交易。但是，被指定且为有效套期工具的衍生工具、属于财务担保合同的衍生工具、与在活跃市场中没有报价且其公允价值不能可靠计量的权益工具投资挂钩并须通过交付该权益工具结算的衍生工具除外。

企业持有交易性金融资产的目的是利用正常营运中暂时闲置的货币资金，购入一些不是企业本身业务需要但能随时变现的有价证券，这样既能保证企业现金支付的需要，又可获得一定的收益。

由于企业的交易性金融资产大多为在证券市场上公开交易的有价证券，如上市股票、债券及基金等，所以交易性金融资产评估实际上是对企业拥有的上市有价证券的评估。上市有价证券需要评估的情形，也只出现在对企业价值评估采用资产基础法时，此时需要以核实后有价证券的数量乘以评估基准日的收盘价来确定评估值，再汇总到企业资产评估价值总额中即可。

（二）其他短期投资的评估

企业利用闲置资金购买一些短期内可以变现的金融工具，通常称为短期投资。运用这种方法可提高企业资金使用效率。由于短期投资多为在证券市场公开交易的证券，评估价值可根据相关证券在评估基准日的收盘价确定，其计算公式如下：

短期投资的评估值 = 持有短期投资的数量 × 评估基准日的收盘价

总之，流动资产一般量大类繁，包括存货（库存材料、低值易耗品、在产品、产成品及库存商品等）和非实物类流动资产（货币资金、交易性金融资产、应收预收等）。不同的流动资产价值其变化规律不同，所选用的评估方法也不同。按照流动资产自身的特点，在不同评估目的的情形下，大致有以下三种情况：

（1）在企业持续经营条件下，流动资产按在用用途使用时，如当企业改制、合资合作经营、清产核资、保险索赔时，需按重置成本评估流动资产；

（2）在企业持续经营条件下，流动资产进入市场转移使用或出售，未来生产经营对待估流动资产的需求大大减少或不需要时，按可变现净值评估流动资产；

（3）在企业清算条件下，按快速变现净值评估流动资产。

课后练习题

一、在线测试题

【在线测试题】
扫描书背面的二维码，获取答题权限。

扫描此码

在线自测

二、简答题

1. 简述流动资产评估的特点。
2. 简述如何确定流动资产评估的价值类型。
3. 流动资产评估的程序有哪些？
4. 影响流动资产评估价值的因素有哪些？
5. 流动资产评估的基本方法有哪些？
6. 债权类流动资产包括哪些？如何对其进行评估？

三、计算题

1. 甲企业购入B股股票10 000股，购入成本为37 000元，评估基准日的收盘价格为每股5.3元。试评估A股票的价值。

2. 某资产评估公司受托对某企业待摊费用和预付费用进行单项评估，评估基准日为2017年6月30日。有关资料如下：企业截至评估基准日待摊和预付费用账面余额为57.38万元，其中有预付1年的保险金7.56万元，已摊销1.89万元，余额为5.67万元；尚待摊销的低值易耗品余额为39.71万元；预付的房租租金16万元，已摊销4万元，余额为12万元。根据租约，起租时间为2016年6月30日，租约终止期为2020年6月30日。试问评估人员如何根据上述资料进行评估？

3. 某企业向甲企业售出材料，价款500万元，商定6个月后收款，采取商业承兑汇票结算。该企业于4月10日开出汇票，并往甲企业承兑，汇票到期日为10月10日。现对该企业进行评估，基准日定为6月10日，由此确定贴现日期为120日，贴现率按月以6‰计算，请求出该应收票据的评估值。

4. 某项在用低值易耗品，原价750元，预计使用1年，现已使用9个月，该低值易耗品全新状态的现行市价为1 200元，由此请求出在用低值易耗品评估值。

第九章
企业价值评估与商誉评估

学习目标

通过本章学习，应该能够：

清楚企业价值评估的概念及特征；

掌握企业价值评估的方法；

熟悉商誉评估的方法。

思政导读

企业价值评估是指把一个企业作为一个有机整体，依据其整体获利能力，并充分考虑影响企业获利能力诸因素，对其整体资产市场价值进行的综合性评估。作为整体资产的企业往往并不是所有单项资产的简单累加，而是在一定组织管理下按照生产经营中经济与技术逻辑关系形成的资产有机结合体。企业价值评估的基本方法包括资产基础法（重置成本法）、收益法和市场法。

企业价值评估是现代市场经济的产物，能够衡量企业的真实、公允的市场价值，为各个层次的投资者提供投资参考的依据。20 世纪 90 年代，我国股市开始稳步发展，对于资产评估业务的需求增大。之后随着我国社会主义市场经济体制的逐步建立与完善以及社会经济的快速发展，以兼并、收购、转让、税收、诉讼、破产程序和财务报告为目的的评估活动日趋频繁。同时，在经济全球化背景下，全球跨国并购迅猛发展，我国企业也加快了海外并购的步伐。这就需要我国企业在实施海外并购中根据战略需求，确定价值评估方法，利用协同效应，合理确定溢价水平，建立专业团队以提升定价谈判谋略。很显然，无论是服务于“引进来”的项目还是服务于企业“走出去”的战略，都需要中国企业和中国的专业机构不断了解并掌握价值评估方面的惯例和方法，掌握新知识、新技能，为中国资产评估行业发展贡献力量。

目前，我国在企业价值评估理论建设及方法探索中取得了长足进步。

企业价值评估的地位在中国日益凸显。本章将介绍企业价值评估的基本方法，有助于我们掌握企业价值的构成，也为理解企业资本运营打开了一扇大门。

第一节　企业价值评估概述

一、企业价值评估的含义与特点

企业价值是企业在特定时期、特定地点、特定条件下的持续盈利能力。企业价值评估主要有三种情况，即整体企业价值、股东全部权益价值和股东部分权益价值。

企业价值评估具有以下三个特点：

（1）企业价值评估对象是由多个或多种单项资产组成的资产复合体。企业虽然由机械设备、厂房、流动资产、无形资产等资产组成，但各要素资产并非简单的积累。企业是一个资产复合体，由围绕系统目标的所有要素资产组成，发挥各自的功能，并根据特定生产过程或经营目标进行有机结合。因此，企业价值应该是特定资产组合的价值，而不是企业各要素资产价值的简单加和。

（2）决定一个企业价值的主要因素是它的整体盈利能力。在企业价值评估中，应当从评估目的的前提出发，考虑决定企业价值的因素。从根本上说，企业价值评估是服从或服务于企业的产权转让或产权交易。企业本身是一种凝聚着社会必要劳动时间的劳动产品，也是一个以盈利为目的的经济实体。

（3）企业价值评估是建立在持续经营假设基础上的。

二、企业价值与企业各项可确指资产价值汇总的区别

（一）评估对象的内涵不同

美国价值评估理论专家科纳尔认为，企业价值不仅反映资产的重置成本，还必须包括非常重要的组织成本，即“企业价值＝资产重置成本＋组织成本”。单一资产评估是一种静态的反映方法，而以整个企业为评价对象则是一种动态的反映方法。

（二）影响因素的不同

企业价值评估是以企业的盈利能力为核心，综合考虑影响企业盈利能力的各种因素和企业面临的各种风险。企业单项资产的评估价值之和是基于影响各项资产价值的各种因素的累加。

（三）评估结果不同

一般来说，这两种评价所确定的评估值是不相等的。如果一个企业的资产收益率与社会（更重要的是行业）的平均资产收益率相同，则由单项资产评估汇总表确定的企业资产评估值应与整个企业的评估值一致；企业资产收益率低于社会（或行业）平均资产收益率的，

由单项资产评估汇总表确定的企业资产评估值高于整个企业的评估值；企业资产收益率高于社会（或行业）平均资产收益率的，企业整体评估值将高于单个企业评估汇总值，超出部分将作为企业商誉价值。

三、企业价值评估在经济活动中的重要性

自20世纪90年代以来，企业价值评估已不局限于以企业产权变动为目的，而是扩展到企业价值管理及员工股权持有计划等方面，企业价值评估在经济活动中的重要性日益凸显。

（一）以产权交易为目的的企业价值评估

主要有以下三种情况：

（1）以公司上市为目的：股票发行定价的基础是股票的内在价值，即由拟上市公司的经营业绩（盈利能力）决定。

（2）以公司并购为目的：企业价值评估是企业并购决策合理性的基础，无论是在选择目标公司时，还是在决定报价或接受报价时。

（3）以高技术企业融资为目的：风险投资者对风险投资企业的价值判断往往需要通过评估机构对拟投资的高技术企业进行价值评估。

（二）以企业价值管理为目的的企业价值评估

企业价值管理强调对整个企业的分析、评价和管理。以开发企业潜在价值为主要目的的价值管理正成为现代企业管理的新趋势。管理者的业绩越来越取决于他们对提高企业价值的贡献。企业价值管理强调对企业整体盈利能力的分析和评价，并通过制定和实施适当的发展战略和行动计划，确保企业决策有利于增加企业股东的财富价值。企业价值管理将使习惯于以会计为基础使用财务数据的企业管理者的工作发生巨大变化，不再满足财务数据反映企业历史的要求，而利用企业价值评估的信息来展望企业的未来，形成和提高利用企业现有资产创造未来财富的能力。

（三）以员工持股计划为目的的企业价值评估

员工持股计划（employee stock ownership plan，ESOP）是一种新型股权形式。企业内部员工出资认购本公司部分或全部股权，委托员工持股会作为社团法人托管运作并集中管理，企业员工通过购买企业部分股票而拥有企业部分产权，并获得相应的管理权；也有可能员工通过购买企业全部股权而拥有企业全部产权，使其职工对本企业具有完全的管理权和表决权。以上情形均需在企业价值评估的基础上进行，如美国ESOP协会规定，ESOP的私营企业应该至少每年评估一次股票价值。同时，企业在进行或决定是否实行员工持股计

划时也会需要进行企业价值评估。

四、企业价值评估的范围界定及评估方法

（一）企业价值评估的一般范围

企业价值评估的一般范围是企业价值评估的产权范围。从产权角度看，企业价值评估的范围应该是企业的全部资产，包括企业产权主体占有和经营的部分，以及全资子公司等企业产权主体控制的部分。评估时需要考虑会计报表载明的各项资产和负债，以及表外资产和负债。对于企业重组设立或改制设立有限公司或股份公司的，各投资方在重组或改制中如协议明确了相关的资产范围的，评估应依据重组或改制协议确定。

在确定企业价值评估的资产范围时，应当使用下列数据：（1）企业价值评估申请报告和上级主管部门批准文件规定的资产评估范围；（2）企业产权转让或者产权变更协议、合同、章程规定的企业资产变更范围；（3）企业产权证书、账簿、投资协议、财务报表。对于评估机构来说，企业申报的资产范围通常被视为企业价值评估的一般范围。

（二）企业价值评估的具体范围

在界定了企业价值评估的一般范围后，不能直接将界定的资产范围作为企业价值评估的具体资产范围。因为企业价值是以企业的整体盈利能力为基础的，因此，判断企业价值就是正确分析和判断企业的盈利能力。企业是由多种单一资产构成的资产综合体，对企业盈利能力的形成有着不同的贡献。其中，对企业盈利能力形成有贡献和作用的资产是企业的有效资产，而对企业盈利能力形成没有贡献甚至削弱盈利能力的资产是企业的无效资产。企业的盈利能力是企业有效资产共同作用的结果。正确揭示企业价值，必须正确界定和区分企业资产范围内的有效资产和无效资产，并将企业的有效资产作为企业价值评估的具体资产范围。这种区分是企业价值评估的重要前提。在界定企业价值评估的具体范围时，应在界定一般范围的基础上，经过产权界定和资产重组。

1. 产权界定

委托方委托中介机构对企业价值进行评估时，首先应明确委托方委托的全部资产的产权。有产权证书的资产以产权证书为准。产权证书不能证明的资产，应当按照国家产权界定的有关法律文件界定。对一些因产权资产暂时难以下结论而不明确、难以界定或更正的产权，应归类为“产权不确定资产”，不纳入企业价值评估资产范围。

2. 资产重组

在产权明晰的基础上，在区分企业的有效资产和无效资产。区分时应注意以下几点：一是企业有效资产的判断应以资产对企业盈利能力形成的贡献为依据，不应偏离这一原则；二是企业盈利能力形成于有效资产应当是企业的正常盈利能力、短期盈利能力以及偶

然因素形成的相关资产，不能作为判断企业盈利能力和划分有效资产的依据；三是评估人员应当客观披露企业价值。企业出售方对企业资产进行重组，应当以不影响企业盈利为前提。

在产权界定对企业资产范围作出必要限制后，评估人员还应根据效用原则，考虑企业价值评估的完整性和盈利性要求，提醒委托方对企业资产进行重组，优化资产结构，重新界定企业价值评估范围。

目前，资产重组主要有两种形式：

（1）“资产剥离”，即针对企业资产中明显存在的无效资产，甚至一些非生产性资产，在企业价值评估前与整个企业分离，不纳入企业价值评估范围。

（2）“填平补齐”，即针对一个企业在生产能力和盈利能力上存在的一些局部薄弱环节，只要再投入少量资金进行必要的改善，企业的生产能力就可以得到平衡，建议企业加大投入，形成完整的盈利载体。不论是“资产剥离”还是“填平补齐”，都要限制在企业正常的设计生产经营能力内，不能人为地降低或扩大企业的生产经营能力和盈利能力。企业产权界定和资产重组后的全部资产，应当纳入企业价值评估范围。

（三）企业价值评估的方法

企业价值是通过在市场中保持较强的竞争力和可持续发展来实现的。企业价值体现在企业未来的盈利能力上。企业价值评估是通过科学的评估方法对企业的公平市场价值进行分析和计量。与企业价值理论体系相比，实践中的价值评估方法多种多样。对同一企业的评价采用不同的评价程序和方法，往往会得到不同的结果。目前，在企业价值评估的实践中，主要有三种评估方法：收益法和市场法和重置成本法。

五、影响企业价值的因素

企业价值形成的关键是能否给所有者带来回报，回报越大，企业价值就越高。但如果未来风险很大，即使未来收益高，人们也会望而却步。因此，企业的盈利能力及其所面临的风险状况和水平是企业价值评估中需要考虑的两个主要因素。这两个因素受以下因素的影响。

（1）企业的资产，无论是有形的资产还是无形的资产，都只是企业的“硬件”。如何利用这些资产创造企业的最佳效益，很大程度上取决于“软件”。该软件是企业管理者的管理能力、创新能力、管理方针和运行机制，是企业拥有的人才资源。因此，正确估计一个企业的价值，不仅要看“硬件”，还要看“软件”。

（2）企业外部的影响因素。企业外部影响因素如社会政治、经济环境、企业竞争和技术发展水平等对企业价值都会产生影响。

这样，在具体企业价值评估中可从以下角度进行分析。

（1）盈利能力预测。一是判断企业目前的盈利能力如何，盈利的主要原因是什么（产品质量好，营销手段高，有特殊机会，创新能力强）。二是分析企业的财务状况及其形成的原因以及这种财务状况对企业未来的经营和投资项目的选择有什么影响，甚至对企业未来的投融资方式有何限制。三是与条件相似的企业进行比较，分析企业在抓住商机、社会贡献、社会声誉等方面的差异，从中发现管理者的能力问题和企业运行机制的水平。

（2）经营前景的预测。一是判断企业是否有继续经营的机会，即企业的产品处于哪个生命阶段，市场是否已经饱和；企业自身实力如何，资产状况是老化还是良好，企业处于成长期还是衰退期；企业自身的弱点能否应对未来商业环境的变化等，从而预测企业盈利性的风险。二是判断企业是否有新的投资机会并且能否抓住。这主要是基于企业的人力资源和创新能力，以及自身的资产和财务状况，同时需要分析企业面临的各种风险，如业务风险、财务风险、信息风险、法律风险、系统风险以及未来投资机会的许多其他风险，从而明确企业未来利润的风险来源。

在评估实务中，由于涉及的因素很多，很难将所有因素货币化或量化。因为虽然社会、政治、经济、道德、心理、人才素质等非经济因素对企业管理的各个方面都有着越来越深刻的影响，但没有成功的先例能够准确量化其影响。因此，在评价企业价值时，应考虑非量化因素对企业价值的影响，采用打分或分数法间接量化，将其转化为各种修正指标，进而对企业价值进行综合判断。

第二节　企业价值评估的收益法

一、收益法的基本计算公式及其说明

企业价值评估中的收益法是指通过对被评估企业的预期收益进行资本化或折现来确定评估对象价值的评估思路。根据经营假设前提的不同，企业价值评估的收益法可分为两类：企业持续经营假设前提下的收益法和企业有限持续经营假设前提下的收益法。在不同的经营假设前提下，收益法评价所采用的基本计算公式是不同的。采用收益法评价企业价值的基本模型如下：

$$P=\sum_{t=1}^{n}\frac{R_t}{(1+r)^t}$$

式中，P 为企业估计值；R_t 为未来第 t 个收益期的预期收益额；r 为折现率；t 为收益预测年限；n 为收益预测期限。

（一）企业持续经营假设前提下的收益法

1. 年金法

在持续经营假设下，年金是指永久年金，是一系列稳定、定期、不确定的现金收付活动。该方法仅适用于收入波动较小的企业。采用年金法评估企业价值时，假设预期年收入稳定或相同。年金法的计算公式如下：

$$P=\frac{A}{r}$$

其中，P 为企业评估价值；A 为企业每年的年金收益；r 为折现率。

这是将已处于均衡状态，未来收益具有充分的稳定性和可预测性的企业收益进行年金化处理，然后再把已年金化的企业预期收益进行收益还原，估测企业的价值。因此，上述的计算公式又可以写成

$$P=\sum_{t=1}^{n}\frac{R_t}{(1+r)^t}\div（P/A，r，n）$$

式中，$\sum_{t=1}^{n}\frac{R_t}{(1+r)^t}$为企业前 n 年预期收益折现值之和；$(P/A，r，n)$为收益年金化率；r 为折现率。

【例 9-1】某企业进行股份制改造，根据该企业目前经营状况和未来市场预测，未来五年的收益额分别是 13 万元，14 万元，11 万元，16 万元，19 万元，折现率与资本化率均为 10%，用年金法法评估该企业的价值。

$$P=\frac{\left[\sum_{t=1}^{5}R_t(P/F，10\%，t)\div(P/A，10\%，5)\right]}{r}=143.45（万元）$$

2. 分段估算法

分段估算法将持续经营企业的盈利预测分为两部分，即企业发展前期的不稳定期及后期的平衡发展期。企业发展的前期常常是发展不稳定期，企业盈利不稳定；在此之后，企业进入平衡发展状态，其收益是稳定的或按某种规律变化的。这样，对企业的前期预期收益采用年度预测法和折现累加法，对后期企业的预期收益根据企业的具体情况和企业的收入变化规律进行折现，然后将企业前后两期收益的现值相加，形成企业收益的现值。分段估算法具体可分为以下三种情况。

（1）假设以前期最后一年的收益作为后期各年的年金收益，分段估算法的计算公式如下：

$$P=\sum_{t=1}^{n}\frac{R_t}{(1+r)^t}+\frac{R_n}{r}\times(1+r)^{-n}$$

（2）假设从第 $n+1$ 年起的后期，企业预测年收益按一固定比率（g）增长，则分段法的计算公式如下：

$$P=\sum_{t=1}^{n}\frac{R_t}{(1+r)^t}+\frac{R_n\times(1+g)}{r-g}\times(1+r)^{-n}$$

【例 9-2】对东北企业进行价值评估时，根据相关资料和一系列调查，该企业预计未来 5 年的预期收益额分别为 200 万元、220 万元、250 万元、260 万元、300 万元，并且根据企业的情况预测，从第 6 年开始，企业的年收益额将维持在 300 万元的水平上，假定折现率为 10%，采用分段法评估该企业的价值如下：

$$P=\sum_{t=1}^{n}\frac{R_t}{(1+r)^t}+\frac{R_n}{r}\times(1+r)^{-n}$$
$$=（200\times0.909\,1+220\times0.826\,4+250\times0.751\,3+260\times0.683+300\times0.6209）+\frac{300}{10\%}\times0.620\,9$$
$$=915+3\,000\times0.620\,9$$
$$=2\,778（万元）$$

（3）假设评估人员依据该公司实际情况推断，未来第 6 年以后收益额将在第 5 年的水平上每年以 3% 的增长率保持增长，其他条件不变。采用分段法评估该企业的价值如下：

$$P=\sum_{t=1}^{n}\frac{R_t}{(1+r)^t}+\frac{R_n\times(1+g)}{r-g}\times(1+r)^{-n}$$
$$=（200\times0.909\,1+220\times0.826\,4+250\times0.751\,3+260\times0.683+300\times0.620\,9）+\frac{300(1+3\%)}{10\%-3\%}\times0.620\,9$$
$$=915+\frac{309}{7\%}\times0.620\,9=3\,655.83（万元）$$

（二）企业有限期持续经营假设前提下的收益法

对一个企业来说，它的价值在于它的持续盈利能力。一般来说，企业价值评估应在持续经营的前提下进行。只有在特殊情况下，才能在有限的可持续经营假设下对企业价值进行评价，如企业章程规定了企业的经营期限；企业所有者不打算超过期限继续经营企业等。评估人员在使用假设对企业价值进行评估时，应合理判断假设是否适用于企业。

企业有限持续经营假设，评估应从最有利于企业投资回收的角度出发，力求在不增加资本投入的情况下充分利用企业现有资源，实现投资收益最大化，直至企业无法继续经营。

对于有限持续经营假设前提下企业价值评估的收益法，其评估思路与分段法类似。第一，将企业在可预期的经营期限内的收益加以估测并折现。第二，将企业在经营期限后的残余资产的价值加以估测及折现；最后，将以上两者计算的结果相加。其计算公式如下：

$$P=\sum_{t=1}^{n}\frac{R_t}{(1+r)^t}+P_n\times(1+r)^{-n}$$

式中，P_n 为第 n 年企业资产的变现值。

二、企业收益及其预测

企业的收益是运用收益法对企业价值进行评估的关键参数。在企业的价值评估中，企业的收益是指在正常条件下，企业所获得的归企业所有的所得额。

（一）企业收益的界定与选择

在具体界定企业收益时要注意以下两个方面。一是非企业权益主体创造的收益不能作为企业价值评估中的企业收益。例如，税收，无论是流转税还是所得税，一般都不能视为企业所得。二是企业权益主体拥有的企业净收支可以作为企业的收入。无论是净营业收入和支出，还是净资产收入和支出，抑或净投资收入和支出，只要形成了现金净流入，就可视为企业收入。

企业收益的形式主要有：净利润、净现金流、息前税后利润与息前税后净现金流。在对企业的收益形式进行界定之后，在企业价值的具体评估中还需要根据评估目的的不同，对不同口径的收益进行选择，如对净现金流量（净利润）与息前净现金流量（息前净利润）的选择。因为不同口径的收益额，其折现值的价值内涵是完全不同的。目的不同，选择的基础也不同。同时，在不影响企业价值评估目的的前提下，应选择最能反映企业正常盈利能力的客观收益作为企业价值评估的收益基础。有关企业价值评估中的资产构成、评估值内涵及收益形式之间的对应关系见表 9-1。

表 9-1　资产构成、评估值与收益形式的对应关系

资产构成	评估值内涵	收益形式
全部资产 – 负债	所有者权益价值	净利润（净现金流量）
全部资产 – 短期负债	含长期负债的企业投资价值（全部投入资本价值）	净利润（净现金流量）+ 长期负债利息 ×（1–所得税率）
全部资产	全部资产价值	净利润（净现金流量）+ 利息（1– 所得税率）

（二）企业收益预测的基础

企业收益预测时应注意以下问题。

（1）预期收益预测是否以企业实际收益为出发点。企业在评估时的实际收入是各种内

外部因素共同作用的结果，其中许多因素是一次性的或偶然的。企业价值评估的预期收益应以排除影响企业在正常经营条件下盈利能力的偶然因素和不可比拟因素后的企业正常收益为基础。

（2）企业预期收益不仅是企业存量资产经营的功能，还是未来新产权主体经营管理的功能。然而，评估人员对企业价值的判断只能基于对企业存量资产经营状况的合理判断，而不能基于对新产权主体行为的估计。因此，新产权主体行为对企业预期收益的影响不应成为预测企业预期收益的影响因素。从这个角度看，对企业预期收益的预测，应该以企业的股票资产为出发点，可以考虑股票资产的合理改善甚至合理重组，但必须以企业的正常盈利能力为基础，不应考虑任何异常的个人因素或新产权主体的异常行为对企业预期收益的影响。

（三）企业收益的预测方法

企业收益的预测方法一般有两类：一类属于主观预测法，即根据经营者和专家们的经验、知识进行预测，如综合调整法、产品周期法等；另一类属于客观预测法，如利用历史经营发展趋势来预测未来收益趋势的时间序列法等。

1. 综合调整法

综合调整法，是以企业收益现状为基础，考虑未来可能发生的有利与不利因素对预期收益的影响，然后对收益进行调整以估测未来有限期收益的方法。

综合调整法的计算公式如下：

$$\text{预期年收益}=\text{当前正常年收益额}+\sum\text{预期有利因素增加收益额}-\sum\text{预期不利因素减少收益额}$$

2. 产品周期法

产品周期法是根据企业主导产品寿命周期的特点，评估企业收益增减变化趋势的方法，其主要适用于以下三种情况：

（1）企业产品单一且为高盈利产品；

（2）企业拥有专利或专有技术，在未来将为企业带来超额利润；

（3）企业处于垄断地位，可获高额利润。

首先，应用该方法必须掌握大量产品周期统计资料，建立周期模型；其次，分析企业产品销售的历史以及当前情况，判断企业产品所处周期与阶段；最后，参照类似产品寿命周期曲线，推测企业产品的寿命周期，并据此估算产量和收益的增减变动情况。

3. 线性回归法

该方法是指在对企业收益进行预测时，假定收益随时间呈现一定的相关关系。令时间（以年份表示）变量为 X，收益变量为 Y，假定变量 X 和 Y 之间呈现线性相关关系，利用最小二乘法，可求得变量 X 和变量 Y 之间的线性方程。然后，假定未来年份收益继续保持这种线性关系，进而预测企业未来收益。

（四）企业收益预测的基本步骤

企业预期收益的预测大致可分为以下三步进行。

（1）评估基准日审计后企业收益的调整。基准日审计后对公司收入的调整包括两部分：一是对已审计财务报表中的异常因素进行调整，主要是对损益表和现金流量表的调整，剔除一次性损益、未来偶然或不再发生的情况，并将基准日的利润和现金流量调整到正常数额，为企业预期收益的趋势分析打下良好的基础：二是研究审计报表的注释和相关披露，分析相关报表中披露的影响企业预期收益的非财务因素，并在此基础上调整企业的收益，以反映企业的正常盈利能力。

（2）企业预期收益趋势的总体分析和判断。对企业预期收益趋势的全面分析和判断，是以企业评估基准日审计后实际收益的调整为基础，结合企业提供的预期收益预测和评估机构收集的相关信息进行的。需要强调的是：首先，企业评估基准日审计后的财务报表调整，特别是目标收益的调整，仅作为评估人员预测企业预期收益的参考，不能挪作他用。其次，企业提供的预期收益预测是评估人员预测企业未来预期收益的重要参考。但是，评估人员不能仅仅依靠企业提供的收益预测作为预测企业未来预期收益的唯一依据。估价人员应当根据自己的专业知识和收集的其他资料，进行客观、独立的判断。最后，评估人员对评估基准日的企业财务报表进行了必要的调整，掌握了企业提供的收益预测，但也必须深入企业进行现场调查，与核心管理层充分沟通以了解企业的生产过程、设备状况、生产能力和管理水平，并利用其他数据对企业未来的盈利趋势进行合理的整体判断。

（3）企业预期收益的确定。企业预期收益的确定是以前两个步骤的完成和具体技术方法和手段的运用为基础的。一般来说，企业盈利预测可分为两个阶段。对于处于稳定期的企业，收益预测的细分比较简单：一是企业未来 3~5 年的收益预测；二是企业未来 3~5 年的年收益预测。但对于仍处于发展期、收入不稳定的企业，其收入预测的细分应首先确定企业何时处于稳定期、收入是否稳定；然后，以稳定期的第 1 年作为收益预测的时点。在充分与管理者沟通的基础上，通过大量的数据和理性分析，判断企业是否处于稳定期。

三、折现率及其估测

折现率是将未来收益还原或转换为现值的比率，它在资产评估业务中有不同的名称，如资本化率、本金率、减值率等，但其本质是相同的，都属于投资收益率。作为一种投资收益率，它通常由两部分组成：一是正常投资收益率；二是风险投资收益率。

（一）企业价值评估中折现率确定的原则

在运用收益法评估企业价值时，折现率的作用很重要，它的细微变化可能就会对评估结果产生较大的影响。因此，在选择和确定折现率时，必须注意以下几方面的问题。

（1）折现率不低于投资的机会成本。在资本市场和产权市场正常情况下，任何投资的回报率不得低于投资的机会成本。在现实生活中，政府发行的国债和银行存款利率可以作为投资者进行其他投资的机会成本。

（2）行业基准收益率不宜直接作为折现率，但行业平均收益率可作为确定折现率的重要参考指标。我国的行业基准收益率是指基本建设投资管理部门对建设项目的选择。从拟建项目对国民经济的净贡献来看，按照行业统一制定的最低收益标准，投资收益率低于行业基准收益率的拟建项目均无法实现，只有投资收益率高于行业基准收益率的拟建项目才能报批建设。行业基准收益率旨在反映拟建项目对国民经济的净贡献水平，包括拟建项目可能提供的税收和利润，而不是对投资者的净贡献。因此，当企业产权发生变化时，不宜直接将其视为价值评估的折现率。此外，行业基准收益率水平也反映了国家的产业政策。在一定时期内，国家鼓励产业的行业基准收益率可以相对较低；属于国家控制的行业，则可以适当提高其行业基准收益率，达到限制项目建设的目的。因此，在企业评价中，不能直接采用行业基准收益率作为折现率。随着我国证券市场的发展，行业平均收益率日益成为确定折现率衡量行业平均盈利能力的重要参考指标。

（3）贴现率不宜直接作为折现率。贴现率是商业银行为提前变现未到期票据而扣除的本票金额（贴现利息）与票面金额之比。虽然贴现率也是将未来价值转换为现值的比率，但可变现率通常由银行根据市场利率和贴现票据的信用程度来确定。而票据贴现大多是短期的，没有固定期限。从本质上讲，贴现率接近市场利率，折现率是针对特定评估对象的风险而产生的预期投资收益率。

（二）收益额与折现率口径的对应问题

根据不同的评估目的，用于企业评估的收入金额可以有不同的维度，如净利润、净现金流量、息前净利润、息前净现金流量等。因此，在运用收益法对企业价值进行评估时，必须注意收益额与折现率在结构和口径上的匹配与协调，以确保评估结果的合理性和意义。

（三）企业价值评估中折现率的确定方法

1. 企业价值评估中股本收益率的确定方法

所谓股本收益率，是指评估企业权益资产价值时所用的折现率，可采用资本资产定价模型（CAPM）、套利定价模型（APM）[①] 以及累加法。

（1）资本资产定价模型（CAPM）。资本资产定价模型是美国斯坦福大学威廉·夏普

① CAPM 与 APM 均是资本资产定价的模型。CAPM（capital asset pricing model）由美国学者威廉·夏普（William Sharpe）、林特尔（John Lintner）、特里诺（Jack Treynor）和莫辛（Jan Mossin）等人于 1964 年提出。APM（arbitrage pricing model）由罗斯在 1976 年提出。

教授于 1964 年提出的，该模型用于在企业价值评估中估算企业股东权益的价值，其公式如下：

$$K_r=R_g+(R_m-R_g)\beta$$

式中，K_r 为股权资本成本；R_g 为无风险收益率，一般取同期国库券利率；R_m 为社会平均收益率，通过计算证券投资组合的平均收益率获得，在价值评估中一般取同行业企业的平均收益率；β 系数是指某个上市公司相对于充分风险分散的市场组合的风险水平的参数。

在企业评估中，β 系数代表了相对于充分风险分散的市场投资组合而言的某个行业的系统风险的多少。在拥有成熟市场的国家和地区，β 系数可以采用参照行业比较法、参照企业比较法，以及相关的数学模型测算。

（2）套利定价模型（APM）。套利定价模型是罗斯（Ross）于 1976 年提出的，与资本资产定价模型类似，它是一个决定资产价格的均衡模型。APM 认为风险性资产的收益率不仅受市场风险的影响，而且与许多其他因素相关，该模式将资本资产定价从单因素模式发展成为多因素模式，以期更加适应现实经济生活的复杂情况，其公式如下：

$$R=E(R)+(\beta_1F_1+\beta_2F_2+\cdots+\beta_nF_n)+\varepsilon$$

式中，β_n 为投资对因素 n 的非预期变化敏感性；F_n 为因素 n 的非预期变化；ε 表示不可预测风险的公司自身风险部分；$E(R)$ 表示预期的回报。

（3）累加法。累加法是采用无风险报酬率加风险报酬率的方式来确定折现率或资本化率。累加法测算折现率的公式如下：

$$R=R_f+R_r$$

式中：R 为企业价值评估中的折现率；R_f 为无风险报酬率；R_r 为风险报酬率。

2. 企业价值评估中的加权平均资本成本模型（WACC）①

资本成本是公司为了筹集资金而发行的各种有价证券，包括债券、股票等。加权平均资本成本是公司不同融资成本的加权平均值。

$$\text{WACC}=k_e\frac{E}{E+D}+k_d\frac{D}{(E+D)(1-T)}$$

式中，WACC 为加权平均资本成本；k_e 为股权资本成本；k_d 为税前债务成本；$E/[E+D]$ 为股权资本的市场价值在总资产市价中所占的比例；$D/[E+D]$ 为债务的市场价值在总资产市价中所占的比例，T 为所得税税率。

【例 9-3】2007 年 12 月，某电信公司的股权资本成本为 12.50%，债务成本是 5.25%，

① WACC（weighted average cost of capital）是按各类资本所占总资本来源的权重加权平均计算公司资本成本的方法。

在公司的总资产中，股权资本占 76.94%（按照市场价值计算），债务占 23.06%，不考虑税负问题。该公司的加权平均资本成本（WACC）是多少？

$$WACC=12.50\%\times76.94\%+5.25\%\times23.06\%=10.83\%$$

第三节　企业价值评估的市场法

一、企业价值评估中市场法的含义与基本计算公式

企业价值评估中的市场法，是指将评估对象与参照公司、市场上有交易案例的公司以及股东权益证券和其他股权资产进行比较，以确定评估对象的价值。市场法体现了评估中的替代原则。相似的资产应该具有相似的价值，并且质量越高价格越高。因此，可以通过以下公式来表达评估企业价值的市场方法的基本思想：

$$\frac{V}{X}=\frac{V_1}{X_1}$$

也可以写成

$$V=X\frac{V_1}{X_1}$$

式中，V 表示被评估企业价值；V_1 表示可比企业价值；X 表示被评估企业与企业价值相关的可比指标；X_1 表示可比企业与企业价值相关的可比指标；$\frac{V_1}{X_1}$ 通常称为价值比率或可比价值倍数。公式中的 X 参数，通常选用三个财务变量，具体包括：息税、折旧前利润，即 EBIDT；无负债的净现金流量；销售收入。

二、选择可比公司

使用市场法评估企业价值需要克服两个障碍。第一，与房地产和机械等有形资产相比，公司交易的数量要少得多。因此，找到最近被出售的可比公司的机会就相应地减少了。在产权交易不太活跃的新兴市场，这会更加困难。第二，与一般有形资产相比，企业的个体差异要大得多。除了考虑诸如企业的行业和规模之类的可识别因素外，还必须考虑影响企业盈利能力的各种无形资产。对于两个企业来说，其特征必须相似才能确认它们之间存在可比性，这是在应用市场法时需要考虑的问题。

三、选择可比指标

选择的可比指标应与企业价值直接相关。目前，运用市场法评估企业价值时，主要是寻找与被评估企业具有可比性的上市公司作为证券市场上的可比企业。市盈率指标是一个反映企业收益与风险的重要指标。当然，也可以选择其他乘数指标。这里只是以市盈率指标为例进行讲解。市盈率指标的基本原理可用如下公式表示：

市盈率 = 每股市价 ÷ 每股收益

公司市值 = 市盈率 × 每股收益 × 公司的股数

【例 9-4】假定评估东北公司的价值，评估人员从市场上选择了甲、乙、丙三个比较相似的公司，然后分别计算各公司的市场价值与收入的比率、与账面价值的比率以及与现金流量的比率，即为可比系数（V/X）（见表 9-2）。

表 9-2 运用市场法评估相关假设数据

	甲 公 司	乙 公 司	丙 公 司	平 均
市价 / 收入	1.2	1.0	0.8	1.0
市价 / 账面价值	1.3	2.0	1.2	1.5
市价 / 现金流量	20	15	25	20

如果东北公司的年销售额为 2.1 亿元，账面价值为 6 000 万元，现金流量为 600 万元，通过从表 9-2 中得到的 3 个可比系数计算出该公司的初始价值，然后将这三个初始价值进行算术平均，如表 9-3 所示，东北公司的价值评估价值为 14 000 万元。

表 9-3 市场法评估结果 （单位：万元）

项 目	东北公司的相关系数	可 比 系 数	东北公司的价值
收入	21 000	1.0	21 000
账面价值	6 000	1.5	9 000
现金流量	600	20	12 000
甲公司的评估价值			14 000

四、企业价值评估中市场法的应用限制

运用市场法评价企业价值存在两大障碍。一是被评估企业与参考企业的区别。每个企业都有不同的特点，除行业、规模等可识别因素不同外，影响盈利能力形成的无形因素更为复杂。因此，几乎很难找到一个可以直接与被评价企业进行比较的类似企业。二是商业交易案例的差异，即使有类似企业可以直接与被评估企业进行比较，也很难找到能够与被评估企业产权交易进行比较的交易案例。这是因为：首先，中国市场上没有可共享的企业

交易案例数据库，评估人员无法以较低的成本获得适用的交易案例。其次，即使有一定的案例可以通过渠道获得，但这些交易的时间、市场状况和宏观环境都不一样。评估人员在分析这些影响因素时，在主观和客观条件上都会遇到障碍。因此，运用市场法对企业价值进行评价不能简单地基于直接比较的思想，而应通过间接比较和分析影响企业价值的相关因素来对企业价值进行评价。

第四节 企业价值评估的重置成本法

一、企业价值评估中的重置成本法

重置成本法实际上是通过调整企业的账面价值来获得企业价值的。该方法的评估思想是，企业的价值等于企业所有有形和无形资产的当期成本之和减去企业负债。它的理论基础也是替代原则，也就是说，任何精明的潜在投资者在购买资产时愿意支付的价格都不会超过购建具有与购买资产相同目的的替代品的成本。该方法源于对土地、建筑物、机械和设备等传统有形资产的评估，并着重于成本，很少考虑企业的利润和支出。当使用重置成本法时，公司财务报表的当前市场价值主要是通过调整所有资产和负债来实现的。当然，在企业估值中采用重置成本法时应遵循的假设是，企业价值等于所有有形和无形资产成本减去负债的总和。

显然，此方法仅考虑企业的要素资产的价值，而不是从其获取能力的角度将企业的价值评估为资产复合体。因此，从理论上讲，重置成本法不适合作为在持续经营的前提下评估企业的价值。《企业价值评估指导意见（试行）》第三十四条明确规定，在以持续经营为前提进行企业评估时，一般不应将重置成本法作为唯一的评估方法。但是在实践中，尤其是在中国，重置成本法一直是企业价值评估的主要方法。主要原因包括：首先，自经济体制改革以来，中国产权交易的对象主要是国有企业；其次，中国的产权交易市场仍处于起步阶段，在企业评估过程中缺乏可靠的财务数据或比较数据，这限制了收入法和市场法的实施；最后，由于重置成本方法相对客观，当评估操作不是很规范时，人们可能会更相信重置成本法的结果。

但是重置成本法的缺点不容忽视：它可能会低估盈利能力，或者会因经济贬值而高估公司价值，还可能不会考虑财务报表中出现的那些无形资产，如公司的管理效率、商誉及销售网络等。因此，重置成本法更适用于非营利性组织的价值评估。

二、企业价值评估中的加和法

加和法又称资产基础法，是指在合理评估企业各项资产价值（即所有有形资产和无形资产的现行价值）和负债基础上确定评估对象价值的方法。原则上，评估人员在评估组成企业的单个资产时，应首先阐明对每种资产进行评估的前提，即持续经营的前提和非持续经营的前提。在不同的假设下评估的企业价值存在差异。在持续经营的前提下，对每项资产的评估应按照出资原则进行；在非持续经营假设下对单个资产的评估应当按照变现原理进行。

在持续经营的前提下，使用加和法评估公司价值通常是不合适的。因为加和法是通过分别估计组成企业的所有可确定资产来评估企业的价值。这种方法无法掌握持续经营的价值的完整性，并且难以掌握个人资产对企业的贡献。企业单个资产（即无法识别的无形资产）之间的流程匹配和有机结合因素的整合效果无法得到有效衡量。因此，在正常情况下，不宜仅使用加和法来评估企业价值。在特殊情况下，评估师应使用加和法评估持续经营企业的价值，并应对此进行充分说明。

通常情况下，使用加和法评估持续经营的企业也应使用收益法进行验证。特别是在目前的现实情况中，企业承担着许多社会负担和异常费用。企业的财务数据很难真实地反映企业的盈利能力，从而会影响基于企业财务数据的企业预期收益预测的可靠性。因此，加和法与收益法的结合使用可以起到互补的作用，不仅有利于评估师对企业盈利能力的把握，而且可以相对牢固地建立公司的预期收益预测。

简而言之，当需要使用加和法评估一个连续经营的企业时，在评估构成该企业的单个资产时应注意以下问题。

（1）现金。除了计算现金，我们还需要通过分析现金和业务运营来分析企业的现金流量和短期债务偿还能力。

（2）应收账款及预付款。从公司融资的角度来看，应收账款和预付款都构成企业的资产；从公司资金周转的角度来看，公司应收账款必须保持合理的比例。公司应收账款与销售收入的比例以及账龄可以大致反映企业的销售情况、产品的市场需求、经营能力等，并为预期收入的预测提供参考。

（3）存货。存货本身的评估并不复杂，但通过对存货进行评估，可以了解企业的经营状况。通过评估库存，您还可以了解企业在市场中的竞争地位。畅销产品、正常销售产品、慢销产品和积压产品的比例将直接反映公司在市场上的竞争地位，并为公司的预期收益预测提供依据。

（4）机器设备与建筑物。机器设备和建筑物是企业开展生产经营和维持盈利能力的基本物质基础。新旧设备的技术含量、维护状况、利用率等因素，不仅决定着机器设备本身的价值，而且对企业未来的盈利能力也有重大影响。根据机械和设备对公司获利能力的贡献来评估机械和设备的现值是在假设持续经营的情况下使用加和法评估公司的个人资产的主要特征。

拓展阅读 9-1
上市公司比较法在企业价值评估中的应用

扫描此码 深度学习

（5）无形资产。企业拥有多少无形资产及其研究和开发无形资产的能力是决定企业市场竞争力和盈利能力的决定性因素。在评估过程中，我们必须阐明每种无形资产的获利潜力，以便为公司收益预测奠定坚实的基础。之后可采用收益法对企业价值进行评估，然后对两种评估思路下的评估结果进行分析比较，以确定公司是否具有商誉或经济贬值，最终确定公司的评估值。

第五节　商誉的评估

一、商誉的概念和特点

一般情况下，商誉是指企业在一些条件下，能得到高于正常投资报酬率的收益所带来的价值。形成商誉的原因有很多，如地理位置上的优势、经营效率高、管理团队专业等。与同行业的其他企业比，商誉表现为可为企业获得超额利润。

在 20 世纪 60 年代以前，企业的无形资产是一个综合体，商誉是这个综合体的总称。20 世纪 70 年代以后，由于对无形资产有了确认、计量的需要，无形资产依据不同的划分标准成为各项独立的无形资产。商誉则是指企业所有的无形资产减去各单项可确指无形资产之后剩余的那部分。

因此，商誉是无形资产中不可确指的那部分。商誉具有以下特点：

（1）脱离企业，商誉不会单独存在，是超出企业可确指的各单项资产价值之和的那一部分价值。

（2）商誉是在多种因素相互作用下的结果，其中可以产生商誉的个别因素没有任何方法能够对其单独计价。

（3）商誉是每个企业经过很长的时间而累积所得的一项价值。

二、评估商誉的目的及特点

在企业进行产权转让以及与企业产权转让相关的经济活动时会涉及商誉的评估。

商誉评估有如下特点：

（1）非独立性。由于商誉与企业的整体有关，不能单独存在，不能与企业其他的有形资产和无形资产分离开，不能单独出售，因而商誉的评估必须与企业其他的整体资产的评估联系起来。商誉评估结果也应一并汇入企业整体评估结果中去，成为企业整体资产总额中的一个部分。

（2）不可分列性。影响企业商誉的因素多种多样，难以用某种公式或方法对其形成的各项影响因素单独确定其价值，只能把这些因素结合起来，作为依附于企业整体的一项无形的综合经济资源来看待，只能按照一个总额对商誉计价，不能按照形成商誉的每个因素分别估列数值。

（3）整体性。商誉是企业的无形资产，它不能单独存在，又只能依赖于整个企业，所以它是所有企业资产共同作用的结果。若没有企业，商誉的载体就会消失。因此，商誉是企业总价值的组成部分，应从企业的整体盈利能力把握其价值，企业的商誉也只有在持续经营的情况下才有价值。

（4）评估基础的单一性。由于商誉形成的不确定性，商誉评估的依据只能是企业的超额收益。

（5）评估结果的双重性。商誉的价值反映在企业的整体收入水平上。价值的大小取决于公司收入的总体水平与行业平均收入水平之间的比较。当公司的收入水平高于行业平均水平时，商誉的价值为正，否则为负。因此，商誉的评估价值可能会增加或减少企业的评估值。

三、商誉评估的方法

（一）超额收益法

商誉的评估价值是指企业超额收益的本金。以企业的超额收益为评估对象的商誉评估方法称为超额收益法。根据被评估企业的差异，又可分为超额收益本金化价格法和超额收益折现法两种具体方法。

（1）超额收益本金化价格法，是把被评估企业的超额收益经本金化还原来确定该企业商誉价值的一种方法，其计算公式如下：

$$\text{商誉的价值}=\frac{\text{企业预期年收益率}-\text{行业平均收益率}\times\text{该企业的单项资产评估值之和}}{\text{适用本金化率}}$$

或者

$$\text{商誉的价值}=\frac{\text{行业平均收益率}\times\text{被评估企业预期收益率}\times\text{被评估企业单项资产评估价值之和}}{\text{适用本金化率}}$$

其中：

$$\text{被评估企业预期收益率}=\frac{\text{企业预期年收益率}}{\text{企业单项资产评估价值之和}}\times 100\%$$

【例 9-5】东北某企业的预期年收益额为 50 万元，该企业的各单项资产的评估价值之和为 150 万元，企业所在行业的平均收益率为 20%，并以此作为适用资产收益率。请评估该企业商誉价值。

$$商誉价值=\frac{500\ 000-1\ 500\ 000\times 20\%}{20\%}=1\ 000\ 000（元）$$

该方法主要适用于经营状况一直较好、超额收益比较稳定的企业。如果在预测企业预期收益时，发现企业的超额收益能维持有限期的若干年，这类企业的商誉评估不宜采用超额收益本金化价格法，而应按超额收益折现法进行评估。

（2）超额收益折现法，是把企业可预测的若干年预期超额收益进行折现，把其折现值确定为企业商誉价值的一种方法，其计算公式如下：

$$P=\sum_{t=1}^{n}R_t(1+r)^{-t}$$

式中，P 为商誉评估值；n 为收益年限；r 为折现率；R 为第 t 年企业预期的超额收益。

【例 9-6】东北某企业预计将在今后 5 年内保持其具有超额收益的经营态势。估计预期年超额收益额保持在 30 000 元的水平上，该企业所在行业的平均收益率为 12%，则：

$$商誉价值=P=\sum_{t=1}^{n}R_t(1+r)^{-t}=30\ 000\times 3.604\ 8=108\ 144（元）$$

在评估商誉时，应该注意的是并非所有企业都有商誉，而商誉仅存在于少数具有长期超额收益的公司中。在同类企业中，企业的超额收益越高，商誉的价值就越大。因此，在商誉评估过程中，如果不能全面了解和掌握被评估企业所属行业的收入水平，则无法评估企业的商誉价值。

（二）割差法

割差法是将企业整体评估价值与各单项资产评估值之和进行比较，确定商誉价值的一种评估方法。基本公式如下：

企业整体评估值 = 企业整体资产评估值 − 企业的各单项资产评估值之和

运用割差法的主要步骤如下：

（1）通过整体评估的方法评估出企业整体资产的价值；

（2）通过单项评估的方法分别评估出各类有形资产的价值和各项可确指的无形资产的价值；

（3）在企业整体资产评估价值中扣减掉各单项有形资产及单项可确指的无形资产的价值之和，其剩余即企业商誉的评估值。

课后练习题

一、在线测试题

【在线测试题】
扫描书背面的二维码，获取答题权限。
扫描此码 在线自测

二、简答题

1. 企业价值评估与单项可确指资产评估值的加总有什么不同?
2. 简述企业预期收益预测时需要考虑的因素。
3. 简述商誉的概念及特点。
4. 商誉的评估方法有哪些?
5. 企业价值评估的方法有哪些?

三、计算题

1. 某待估企业未来 3 年预期收益分别为 10 万元，25 万元，32 万元，从第 4 年起预计企业年收益额将在第 3 年水平上以 3% 的增长率保持增长，假定折现率为 11%，试求企业评估值。

2. 被评估企业未来前 5 年收益现值之和为 1 500 万元，折现率及资本化率同为 10%，第 6 年企业预期收益为 400 万元，并一直持续下去。请按年金本金化价格法计算企业的整体价值。

3. L 企业拟产权转让，需进行价值评估。经专家预测，其未来 5 年的净利润分别为 100 万元、120 万元、150 万元、160 万元、200 万元，从第 6 年起，每年的利润处于稳定状态，即保持在 200 万元的水平上。该企业有一笔 10 万元的短期负债，其有形资产有货币资金、存货和固定资产，且其评估值分别为 80 万元、120 万元和 660 万元。若折现率和资本化率均为 10%，试计算 L 企业的商誉价值并说明评估技术思路。

4. 被评估企业于 2020 年 12 月 31 日进行评估，预测未来 5 年利润总额分别是 110 万元、120 万元、110 万元、120 万元和 130 万元，被评估企业长期负债占投资资本比重为 50%，平均长期负债成本为 6%，在未来 5 年中平均年长期负债利息额为 30 万元，年流动负债利息额为 50 万元。评估时社会平均收益率为 9%，无风险报酬率为 4%，企业所在行业平均风险与社会平均风险的比率为 0.8，所得税率为 15%，试运用年金法计算企业的评估价值。

第十章 资产评估程序与报告

学习目标

通过本章学习，应该能够：

清楚资产评估的程序；

熟悉资产评估报告的构成要素；

了解撰写资产评估报告的类型及步骤。

思政导读

资产评估程序是形成资产评估结论所履行的系统化工作步骤，由此形成的资产评估报告反映评估结论，也是评估管理机构对评估机构进行日常监督和资格审查的重要手段和依据。

1991 年国务院以 91 号令颁布的《国有资产评估管理办法》仅在第十八条规定，受占有单位委托的资产评估机构应当根据此规定，对委托单位被评估资产的价值进行评定和估算，并向委托单位提出资产评估结果报告书。之后，1993 年 10 月 15 日，国家国有资产管理局颁发《关于资产评估报告书的规范意见》对评估报告书进行了专项规范。1995 年，国家国有资产管理局制定和颁布了《关于资产评估立项、确认工作的若干规范意见》，规范了资产评估报告在资产评估立项及确认工作中的作用。1996 年 5 月 7 日，国家国有资产管理局转发了中国资产评估协会制定的《资产评估操作规范意见（试行）》。该规范不仅规范了资产评估业务内容，而且对资产评估报告书进行了具体规范。2016 年《中华人民共和国资产评估法》颁布实施后，财政部于 2017 年 8 月 23 日修订发布的《资产评估基本准则》中对明确评估报告的使用及责任界定提供了法律支持。新基本准则要求在资产评估报告中载明“委托人或者其他资产评估报告使用人未按照法律、行政法规规定和资产评估报告载明的使用范围使用资产评估报告的，资产评估机构、资产评估专业人员不承担责任”，由此明确了资产评估报告的使用责任，规范了评估报告的使用且防止了对资产评估报告的误读、误用。同时还要求在评估报告中载明“资产评估报告使用人应当正确理解评估结论”，并强调“评估结论不等同于评估对象可实现价格，评估结论不应当被认为是对评估对象可实现价格的保证”。

资产评估报告作为资产评估工作的主要成果，一直受到有关各方的关注。可以说，我国资产评估业发展的历史，就是资产评估工作不断调整规范的历史，也是资产评估报告不断规范的历史。本章将介绍资产评估报告及其撰写程序，以便我们了解如何为资产评估工作提交最终的工作成果。

第一节　资产评估程序

一、资产评估程序的概念

资产评估程序是指资产评估机构和人员执行资产评估业务、形成资产评估结论所履行的系统化的工作步骤。

资产评估程序的起始有广义与狭义之分。其中，狭义的资产评估程序开始于资产评估机构和人员接受委托，终止于向委托人或相关当事人提交资产评估报告。广义的资产评估程序起始于承接资产评估业务前的明确资产评估基本事项环节，终止于资产评估报告提交后的资产评估文件归档管理。

二、资产评估的具体程序

（一）明确资产评估业务基本事项

资产评估程序的第一个基本环节是明确资产评估业务基本事项，包括了在签订资产评估业务约定书之前的所有基础性工作，如对资产评估项目进行风险评估、确定承接与否等，具体包括明确以下事项：

（1）委托方和相关当事方的基本状况，如资产占有方、资产评估报告使用方、其他利益关联方等。在可能的情况下还应要求委托人明确资产评估报告的使用人或使用人范围以及资产评估报告的使用方式。

（2）资产评估目的。应尽可能细化资产评估目的，说明资产评估业务的具体目的和用途，避免笼统。

（3）评估对象基本状况。资产评估机构和人员应当特别了解有关评估对象的权利受限状况。

（4）价值类型及定义。应在明确资产评估目的基础上，恰当确定价值类型，并确信所选择的价值类型是否适用于资产评估目的。

（5）资产评估基准日。明确资产评估基准日，并且确信资产评估基准日有利于资产评估结论有效地服务于资产评估目的，减少和避免不必要的资产评估基准日期后事项。

（6）资产评估限制条件和重要假设。

（7）其他事项。例如，确定是否承接该资产评估项目，包括分析资产评估机构、人员的专业胜任能力及相关经验，进行风险评价并分析执业风险。分析资产评估机构、人员的独立性，确认是否与委托人或相关当事方存在现实或潜在利益冲突等。

（二）签订资产评估业务约定书

资产评估业务约定书是资产评估机构和委托人共同签订的，以确认资产评估业务的委托与受托关系，明确委托目的、被评估资产范围及双方权利义务等相关重要事项的合同。资产评估业务约定书的基本内容：①资产评估机构和委托方名称；②资产评估目的；③资产评估对象；④资产评估基准日；⑤出具资产评估报告的时间要求；⑥资产评估报告使用范围；⑦资产评估收费；⑧双方的权利、义务及违约责任；⑨签约时间；⑩双方认为应当约定的其他重要事项等。

（三）编制资产评估计划

资产评估计划是资产评估机构和人员为执行资产评估业务拟订的资产评估工作思路和实施方案，对合理安排工作、工作进度、专业人员调配、按时完成资产评估业务具有重要意义。资产评估计划应当涵盖资产评估工作的全过程。编制资产评估计划应当重点考虑以下因素：①资产评估目的、资产评估对象状况；②资产评估业务风险、资产评估项目的规模和复杂程度；③资产评估对象的性质、行业特点、发展趋势；④资产评估项目所涉及资产的结构、类别、数量及分布状况；⑤相关资料收集状况；⑥委托人或资产占有方过去委托资产评估的经历、诚信状况及提供资料的可靠性、完整性和相关性；⑦资产评估人员的专业胜任能力、经验及专业、助理人员配备情况。

（四）资产勘查

资产评估机构和人员执行资产评估业务时，应当对评估对象进行必要的勘查，包括对不动产和其他实物资产进行必要的现场勘查。

（五）收集资产评估资料

资产评估机构和人员所收集资料的全面、翔实、深度、广度及来源的可靠性与否很大程度上体现了资产评估机构和人员的执业能力。资料收集工作是资产评估业务质量的重要保障，也是评定估算的基础。资产评估人员在资产评估过程中，应当考虑有关资产权利的法律文件或其他证明资料，这些文件或资料可证明包括：资产的性质、目前和历史状况、剩余经济寿命和法定寿命、使用范围和获利能力、以往的评估及交易情况、转让的可行性、类似的资产的市场价格、卖方承诺的保证、赔偿及其他附加条件信息等，还应包括可能影响资产价值的宏观经济前景、行业前景及企业前景的信息。这些信息可能来源于会计报表、产权证明、合同等企业内部的信息，也可能来自于市场信息、政府部门、证券交易机构、媒体、行业协会或管理机构及其出版物或学术出版物。

（六）评定估算

评定估算主要包括以下具体工作步骤：

（1）分析资产评估资料，确定其合理性和可靠性。判断分析资产信息资料合理性和可靠性的主要因素包括：第一，该渠道过去提供信息的质量；第二，该渠道提供信息的动因；第三，该渠道是否被通常认为是该种信息的合理提供者；第四，该渠道的可信度。

（2）选择资产评估方法。资产评估机构人员应当对所收集的资产评估资料进行充分分析，确定其可靠性、相关性、可比性。理论上在任何资产评估项目中，资产评估人员都应当考虑重置成本法、市场法和收益法三种方法的适用性，若不采用某种资产评估方法，资产评估人员应当予以必要说明。对宜采用两种以上资产评估方法的评估项目，应当采用两种以上的方法。

（3）综合分析并确定资产评估结论。

（4）结论内部复核。

（七）编制和提交资产评估报告

资产评估机构人员在执行了必要的资产评估程序、形成资产评估结论后，按有关资产评估报告的规范编制资产评估报告。这里需要说明的是，在执行资产评估工作中，如果因法律法规规定、客观条件限制，无法或者不能完全履行资产评估基本程序，经采取措施弥补程序缺失，且未对评估结论产生重大影响的，可以出具资产评估报告，但应当在资产评估报告中说明资产评估程序受限情况、处理方式及其对评估结论的影响。如果程序受限对评估结论产生重大影响或者无法判断其影响程度的，不得出具资产评估报告。

（八）资产评估工作档案归档

资产评估机构和人员在向委托人提交资产评估报告后，应当将资产评估工作档案归档。这样有利于资产评估项目备查、资产评估机构和人员业务水平的提高，同时，应按国家有关规定对资产评估工作档案进行保存、使用和销毁。

三、执行资产评估程序的意义

资产评估具体工作过程应按其逻辑关系有序展开。执行资产评估程序的意义体现在以下几点。

（1）资产评估程序是规范资产评估行为、提高资产评估业务质量和资产评估服务公信力的重要保证；资产评估机构和人员接受委托，不论执行何种资产类型、何种评估目的的资产评估业务，都应当履行必要的资产评估基本程序，按照工作步骤有计划地进行资产评估。

（2）资产评估程序是相关当事方评价资产评估服务的重要依据。由于资产评估结论是相关当事方进行决策的重要参考依据之一，所以资产评估服务必然引起许多当事方的关注，包括委托人、资产占有方、资产评估报告使用人、相关利益当事人、司法部门、证券监督及其他行政监督部门、资产评估行业主管协会以及社会公众、新闻媒体等。资产评估程序不仅为资产评估机构和人员执行资产评估业务提供了必要的指导和规范，也为上述相关当事方提供了评价资产评估服务的重要依据，同时也是委托人、司法和行政监管部门及资产评估行业协会监督资产评估机构和人员的主要依据。

（3）资产评估程序是资产评估机构和人员防范执业风险、保护自身合法权益、合理抗辩的重要手段之一。随着我国资产评估实践的发展，我国资产评估委托人和相关当事方、政府和行业监管部门及司法部门也从早期对资产评估结论的“高低”“对错”的简单二元判断，开始转为重点关注资产评估机构和人员在执行业务过程中，是否恰当履行了必要的资产评估程序。因此，恰当履行资产评估程序是资产评估机构和人员防范执业风险的主要手段，也是在产生纠纷或诉讼后，科学保护自身权益、合理抗辩的重要手段。

第二节　资产评估报告

一、资产评估报告定义

资产评估报告是指资产评估机构及其资产评估专业人员遵守法律、行政法规和资产评估准则，根据委托履行必要的资产评估程序后，由资产评估机构对评估对象在评估基准日特定目的下的价值出具的专业报告。通过报告评估机构向委托方说明委托进行资产评估的目的、依据前提条件、计价根据、适用价值类型、评估程序和方法、评估结果及报告适用条件等。可见资产评估报告是评估机构履行委托协议情况的总结，同时据以界定评估机构应承担的法律责任。委托方若无异议，提交评估报告后，评估服务工作即告结束，委托方应按签订合同协议向评估机构支付费用。

二、资产评估报告的要素

资产评估报告的内容包括：标题及文号、目录、声明、摘要、正文、附件。

（一）标题及文号

资产评估报告标题应含有企业名称、经济行为关键词及评估对象等要素，资产评估报告文号应含有资产评估机构特征字、种类特征字、年份及报告序号等要素。

（二）目录

目录应包括每一部分的标题和相应的起止页号，每一页页码标注应与目录相符。

（三）声明

声明应写明资产评估报告仅供委托人、资产评估委托合同中约定的其他资产评估报告使用人和法律、行政法规规定的资产评估报告使用人使用，并提醒除此之外，其他任何机构和个人不能成为评估报告的使用人。

（四）摘要

摘要应当提供评估业务的主要信息及评估结论。

（五）正文

资产评估报告的正文应当包括下列内容：

（1）委托人及其他资产评估报告使用人。资产评估报告使用人包括委托人、资产评估委托合同中约定的其他资产评估报告使用人和法律、行政法规规定的资产评估报告使用人。

（2）评估目的。资产评估报告载明的评估目的应当唯一。

（3）评估对象和评估范围。资产评估报告中应当载明评估对象和评估范围，并且描述评估对象的基本情况。

（4）价值类型。资产评估报告应当说明选择价值类型的理由并明确其定义。

（5）评估基准日。资产评估报告载明的评估基准日应当与资产评估委托合同约定的评估基准日保持一致，可以是过去、现在或者未来的时点。

（6）评估依据。资产评估报告应当说明资产评估采用的法律法规依据、准则依据、权属依据及取价依据等。

（7）评估方法。资产评估报告应当说明所选用的评估方法及其理由，因适用性受限或者操作条件受限等原因而选择一种评估方法的，应当在资产评估报告中披露并说明原因。

（8）评估程序实施过程和情况。资产评估报告应当说明资产评估程序实施过程中现场调查、收集整理评估资料、评定估算等主要内容。

（9）评估假设。资产评估报告应当披露所使用的资产评估假设。

（10）评估结论。资产评估报告应当以文字和数字形式表述评估结论，并明确评估结论的使用有效期。评估结论通常是确定的数值。经与委托人沟通，评估结论可以是区间值或者其他形式的专业意见。

（11）特别事项说明。资产评估报告的特别事项说明包括：①权属等主要资料不完整或者存在瑕疵的情形；②委托人未提供的其他关键资料情况；③未决事项、法律纠纷等不确定因素；④重要的利用专家工作及相关报告情况；⑤重大期后事项；⑥评估程序受限的有关情况、评估机构采取的弥补措施及对评估结论影响的情况；⑦其他需要说明的事项。资产评估报告应当重点提示资产评估报告使用人对特别事项予以关注。

（12）资产评估报告使用限制说明。资产评估报告应当说明所选用的评估方法及其理由，因适用性受限或者操作条件受限等原因而选择一种评估方法的，应当在资产评估报告中披露并说明原因。

（13）资产评估报告日。资产评估报告载明的资产评估报告日通常为评估结论形成的日期，可以不同于资产评估报告的签署日。

（14）资产评估专业人员签名和资产评估机构印章。资产评估报告应当由至少 2 名承办该项业务的资产评估专业人员签名并加盖资产评估机构印章。法定资产评估业务的资产评估报告应当由至少 2 名承办该项业务的资产评估师签名并加盖资产评估机构印章。

（六）附件

资产评估报告的附件通常包括：①评估对象所涉及的主要权属证明资料；②委托人和其他相关当事人的承诺函；③资产评估机构及签名资产评估专业人员的备案文件或者资格证明文件；④资产评估汇总表或者明细表；⑤资产账面价值与评估结论存在较大差异的说明；⑥其他。

三、资产评估报告的类型

目前，较为常见的资产评估报告有以下几种分类：

（1）按资产评估的对象划分，资产评估报告可分为整体资产评估报告书和单项资产评估报告。凡是对整体资产进行评估所出具的资产评估报告称为整体资产评估报告书。凡是仅对某一部分、某一项资产进行评估所出具的资产评估报告称为单资产评估报告。

（2）按资产评估工作的内容划分，可以分为正常评估、评估复核和评估咨询。与其对应，资产评估报告也可以分为正常评估报告、评估复核报告和评估咨询报告。

（3）按评估报告书所提供信息资料的内容详细程度划分，资产评估报告分为完整评估报告、简明评估报告和限制性评估报告。三种评估报告类型的显著区别在于报告所提供的内容和数据的繁简。按照美国专业评估执业统一准则（USPAP）规定，当评估报告的使用者包括客户以外的其他方时，报告类型必须采用完整评估报告或简明评估报告；当评估报告的使用者不包括评估客户以外的其他方时，则报告类型可以选择限制性评估报告。

拓展阅读 10-2
资产评估执业准则——资产评估报告
扫描此码　深度学习

（4）按照评估基准日与评估的目的和作用不同，资产评估可以划分为追溯性评估、现值性评估和预期性评估，评估报告也相应可以划分为追溯性评估报告、现值性评估报告和预期性评估报告。

四、撰写资产评估报告的步骤

（一）整理工作底稿和归集有关资料

资产评估现场工作结束后，有关评估人员必须着手对现场工作底稿进行整理，按资产的性质进行分类。

（二）评估明细表的数字汇总

在数字汇总过程中应反复核对各有关表格的数字的关联性和各表格栏目之间数字勾稽关系，防止出错。

（三）对初步评估数据的分析和讨论

在完成评估明细表的数字汇总，得出初步的评估数据后，应召集参与评估工作过程的有关人员，对评估报告初步数据的结论进行分析和讨论，比较各有关评估数据，复核、记录估算结果的工作底稿，对存在作价不合理的部分评估数据进行调整。

（四）编写评估报告书

资产评估报告应当以文字和数字形式表述评估结论，并且明确评估结论的使用有效期。评估结论通常是确定的数值。经与委托人沟通，评估结论可以是区间值或者其他形式的专业意见。

（五）资产评估报告的签发与送交

资产评估报告载明的资产评估报告日通常为评估结论形成的日期，可以不同于资产评估报告的签署日。资产评估报告应当明确评估结论的使用有效期。通常，只有当评估基准日与经济行为实现日相距不超过一年时才可以使用资产评估报告。资产评估报告仅供委托人、资产评估委托合同中约定的其他资产评估报告使用人和法律、行政法规规定的资产评估报告使用人使用；除此之外，其他任何机构和个人不能成为资产评估报告的使用人。

五、资产评估报告实例

下面按照 2019 年 1 月《资产评估执业准则——资产评估报告》的要求，举例说明资产评估报告格式和内容要求。

DF公司涉及房地产价值投资的资产评估报告（范例）

ZX评报字〔2019〕第105号

目录（略）

评估师声明

（1）我们在执行本评估业务中，遵循相关法律法规和资产评估准则，恪守独立、客观和公正的原则；根据我们在执业过程中收集的资料，评估报告陈述的内容是客观的，并对评估结论合理性承担相应的法律责任。

（2）评估对象涉及的资产、负债清单由委托方、被评估单位申报并经其签章确认；所提供资料的真实性、合法性、完整性，恰当使用评估报告是委托方和相关当事方的责任。

（3）我们与评估报告中的评估对象没有现存或者预期的利益关系；与相关当事方没有现存或者预期的利益关系，对相关当事方不存在偏见。

（4）我们已经对评估报告中的评估对象及其所涉及资产进行现场调查；我们已经对评估对象及其所涉及资产的法律权属状况和权属资料给予必要的关注，对评估对象及其所涉及资产的法律权属资料进行了查验，并对已经发现的问题进行了如实披露，且已提请委托方及相关当事方完善产权手续以满足出具评估报告的要求。

（5）我们出具的评估报告中的分析、判断和结论受评估报告中假设和限定条件的限制，评估报告使用者应当充分考虑评估报告中载明的假设、限定条件、特别事项说明及其对评估结论的影响。

（6）委托人或者其他资产评估报告使用人应当按照法律、行政法规规定和本资产评估报告载明的使用范围使用本资产评估报告；委托人或者其他资产评估报告使用人违反前述规定使用本资产评估报告的，本资产评估机构及资产评估专业人员不承担责任。

（7）本资产评估报告仅供委托人、资产评估委托合同中约定的其他资产评估报告使用人和法律、行政法规规定的资产评估报告使用人使用；除此之外，其他任何机构和个人不能成为本资产评估报告的使用人。

（8）本资产评估机构及资产评估专业人员提示资产评估报告使用人应当正确理解评估结论，评估结论不等同于评估对象可实现价格，评估结论不应当被认为是对评估对象可实现价格的保证。

摘要（略）

正文

DF 股份有限责任公司：

ZX 评估有限责任公司（以下简称本公司）接受贵公司的委托，根据国家有关资产评估的规定，本着客观、独立、公正、科学的原则，按照公认的资产评估方法，对委托方委估的房地产市场价值进行评估工作。本公司评估人员按照必要的评估程序对委托评估的资产实施了实地勘察、市场调查与询证，对委估资产在 2019 年 7 月 1 日所表现的市场价值做出公允反映。现将资产评估情况及评估结果报告如下：

一、委托方、产权持有者和委托方以外的其他评估报告使用者

（1）委托方：DF 股份有限责任公司

（2）产权持有者（略）

（3）其他报告使用者（略）

二、被评估企业及资产基本情况（略）

三、评估目的

为 DF 股份有限责任公司对外投资提供价值参考依据。

四、评估范围和对象

本次纳入评估范围的资产为 ** 股份有限责任公司拥有的 21 幢房产和 2 宗土地使用权。除储运部 16 幢仓库位于 ×× 区 ×× 新村外，委估的房产和地产均位于 ×× 区 ×× 大道与 ×× 路相交处，现用于商业经营。委估资产的所有权证分别为“W 国用（201X）字第 157 号”“W 国用（201×）字第 158 号”“W 房字第 201805765 号”“W 房字第 201805766 号”“W 房字第 201805855 号”“W 房字第 9900103 号”。

五、评估基准日

本评估项目基准日是 2019 年 7 月 1 日；本评估报告所采用的一切取价标准均为评估基准日有效资产价格标准，与评估目的的实现日接近。

六、评估原则

遵循客观性、独立性、公正性、科学性、合理性的评估原则。在对全部资产进行现场勘察的基础上，合理确定资产的技术状态和参数，力求准确估算委估资产的现时公允价值。

七、评估依据（略）

八、评估方法

根据本次资产评估目的和委估资产类型，采用不同的评估方法，对 DF 公司商业经营用的房屋建筑物采用市场法，对储运部仓库采用重置成本法，对土地使用权采用重置成本法和基准地价修正系数法（具体略）。

九、评估过程

本次评估于2019年7月15日至2019年7月21日，包括接受委托、现场调查、评定估算、评估汇总、提交报告等全过程。主要步骤如下：

（1）接受委托：我公司于2019年7月15日接受DF股份有限责任公司的委托，正式受理了该项资产评估业务。在接受评估后，由项目负责人先行了解委托评估资产的构成、产权界定、经营状况、评估范围、评估目的，与委托方、资产占有方共同商定评估基准日、制定评估工作计划并签订“资产评估业务委托约定书”，明确双方各自承担的责任、义务和评估业务基本事项。

（2）现场调查：在资产占有方资产清查的基础上，评估人员根据其填制的资产评估申报明细资料，调查土地的坐落位置、所处的繁华程度等各项指标，填写现场勘察记录，检查、核实、验证其产权证明文件等资料。

（3）评定估算：评估人员针对资产类型，依据评估现场勘察等情况，选择评估方法，收集市场信息，评定估算委托评估资产的评估值。

（4）提交报告：根据评估人员对委估资产的初步评估结果，进行整理、汇总、分析，撰写资产评估报告初稿，并与委托方、资产占有方充分交换意见，进行必要修改，按照程序经本公司内部三级审核后，向委托方提供正式资产评估报告书。

十、特别事项说明

（1）本次评估结果，是反映评估对象在本次评估目的下，根据公开市场原则确定的现行公允市价，没有考虑将来可能承担的特殊交易方式可能追加付出的价格等对其评估价值的影响，也未考虑国家宏观经济政策发生变化以及遇有自然力和其他不可抗力对资产价格的影响。

（2）本次评估结果，未考虑现在或将来委估资产发生或可能发生的抵押对评估值的影响，提请报告使用者关注。

十一、评估报告评估基准日期后的重大事项

评估基准日后，在有效期内资产数量发生变化，应根据评估方法对资产额进行相应调整。若资产价格标准发生变化并对资产评估价值产生明显影响时，委托方应聘请评估机构重新确定评估值。

十二、评估报告的法律效力

（1）本报告所称“评估价值”是指所评估资产在现有不变并继续经营或转换用途继续使用，以及在评估基准日的状况和外部经济环境前提下，即资产在市场上可以公开买卖的假设条件下，为本报告书所列明的目的而提出的公允估价意见。

（2）本报告的附件是构成报告的重要组成部分，与报告书正文具有同等的法律效力。

（3）本评估结论按现行规定有效期为一年，即评估目的在评估基准日后的一年内实现时，可以此评估结果作为底价或作价依据，超过一年，需重新进行评估。

（4）本评估结论仅供委托方为评估目的使用和送交财产评估主管机关审查使用，评估报告书的使用权归委托方所有，未经委托方许可，评估机构不得随意向他人提供或公开。

（5）本次评估是在独立、公开、科学、客观的原则下做出的，我公司参加评估人员与委托方无任何利害关系，评估工作置于法律监督之下，评估人员恪守职业道德和规范。

（6）报告所涉及的有关法律证明文件，由委托方提供，其真实性由委托方负责。

（7）本报告仅用于为委托方对外投资提供价值依据，不得用于其他用途，也不视为对被评估单位日后偿债能力做出的保证。委托人或其他第三者因使用评估报告不当所造成的后果与注册评估师及评估机构无关。

十三、评估结论

列入本次评估范围的资产经评估价值为人民币 ** 元整（￥** 元）。其中：房屋建筑物评估值 *** 元，土地使用权评估值 *** 元。

十四、评估报告提出日期

本报告提出日期为 2019 年 7 月 21 日

十五、附件（略）

评估机构法定代表人：××（签字）

注册资产评估师：××（签字）

注册资产评估师：××（签字）

ZX 评估有限责任公司（公章）

二〇一九年七月二十一日

课后练习题

一、在线测试题

【在线测试题】扫描书背面的二维码，获取答题权限。

扫描此码 在线自测

二、简答题

1. 资产评估程序有哪些？
2. 资产评估程序的执行意义是什么？
3. 资产评估报告的要素有哪些？
4. 资产评估报告的类型有哪些？
5. 简述资产评估报告的撰写步骤。

三、思政案例讨论

基于 VFM 的 PPP 项目评估

党的十八届三中全会《中共中央关于全面深化改革若干重大问题的决定》明确提出，允许社会资本通过特许经营等方式参与城市基础设施投资和运营。我国 PPP 项目近年来呈现如火如荼的发展态势。PPP 项目通过引入其他所有制形式的社会资本参与公共项目的建设，促进国企混合所有制改革的顺利进行。为保障改革的顺利进行，PPP 项目评估意义重大。

PPP 是“public-private partnership”的缩写，广义的 PPP 泛指公共部门与私人部门为提供公共产品或服务而建立的各种合作关系，而狭义的 PPP 可以理解为一系列项目融资模式的总称，包含 BOT、TOT、DBFO 等多种模式。狭义的 PPP 更加强调合作过程中的风险分担机制和项目的评估（value for money，也称“物有所值”）原则。PPP 项目的迅猛发展，为资产评估行业带来了新的机会和挑战，评估行业将增加新的业务范围，同时对评估从业人员的知识水平及执业技能要求也更高。《PPP 项目资产评估及相关咨询业务操作指引》对资产评估机构从事 PPP 项目的业务类型进行了较详细的列举，PPP 项目在实施过程中，会涉及存量资产的产权转让、托管经营、作价入股、购买等行为，需对相关土地使用权、无形资产、房屋、建筑物、构筑物（非货币性资产）、项目公司整体价值、股东权益价值和特许经营权等资产进行评估。PPP 项目实施中关键的参数是政府付费价格及调价方式的确定，如垃圾处理单价、污水处理单价等服务价格的制定以及项目期内服务价格的如何调整问题，价格的高低是 PPP 项目能否顺利推进的主要因素，价格太低，则不利用吸收社会资本的参与；价格太高，则会增加政府财政负担，往往与政府推行 PPP 项目的初衷相违，得不偿失。

PPP 项目评估中最常见的是物有所值（value for money，VFM）评估，即判断是否应采用 PPP 模式代替政府传统投资运营方式提供公共服务项目的一种评价方法。根据《PPP 物有所值评价指引（试行）》的要求，中华人民共和国境内拟采用 PPP 模式实施的项目，应在项目识别或准备阶段开展物有所值评估。可见，对 PPP 项目进行物有所值评估将成为评估机构新的业务范围。物有所值评估包括定性评价和定量评价，现阶段以定性评价为主，鼓励开展定量评价。

PPP 定性评价的基本评价指标中，风险识别与分配指标主要考核在项目全生命周期内，各风险因素是否得到充分识别并在政府和社会资本之间进行合理分配。定量评价方法主要在于 PPP 项目全生命周期内政府方净成本的现值（PPP 值）与公共部门比较值（PSC 值）的确定。PSC 值的确定最难的部分在于项目全部风险成本，项目全部风险成本包括可转移给社会资本的风险承担成本和政府自留风险的承担成本。项目风险分析是认识项目可能存在的潜在风险因素，估计这些因素发生的可能性及由此造成的影响，分析为防止或减少不利影响而采取的一系列活动，主要包括风险识别、风险估计、风险评价和对策研究四个基本阶段。风险分析的主要方法可采用风险解析法、专家调查法、风险概率估计、概率树分析、蒙特卡洛模拟等方法。

（资料改编自：王永中.PPP评估咨询业务理解与问题思考[J].中国资产评估，2018（07）：11-16.）

阅读以上材料并回答下列问题：

1. 资产评估在我国PPP项目推进中所起的作用是什么？

2. 试讨论面对新形势、新问题时资产评估师应如何与时俱进来提高业务能力。

参考文献

[1] International Valuation Standards Council（IVSC）. The International Valuation Standards（IVS）[S].2020.

[2] Dyck A，Zingales L. Private Benefits of Control：An International Comparison[J]. Journal of Finance，2004，59（2）：537-600.

[3] The European Group of Values' Associations（TEGOVA）. European Business Valuation Standards（EVBS）1st Edition-2020 [S]. 2020.

[4] The Appraisal Foundation（TAF）. 2020-2021 Uniform Standards of Professional Appraisal Practice（USPAP）[S]. 2020.

[5] 中国资产评估协会 . 资产评估实务（一）[M]. 北京：中国财政经济出版社，2018.

[6] 中国资产评估协会 . 中国资产评估准则 [S]. 北京：经济科学出版社，2017.

[7] 朱萍 . 资产评估学 [M]. 上海：上海财经大学出版社，2016.

[8] 姜楠 . 资产评估学 [M]. 大连：东北财经大学出版社，2018.

[9] 蒂姆・科勒 . 价值评估公司价值的衡量与管理 [M]. 高建，译 . 北京：电子工业出版社，2013.

[10] 阿斯瓦斯・达莫达兰 . 估值：难点、解决方案及相关案例 [M]. 刘寅龙，译 . 北京：机械工业出版社，2019.

[11] 中国资产评估协会 . 资产评估执业准则——资产评估报告 [S]. http://www.cas.org.cn/.2020.12.20.

[12] 中国资产评估协会 . 资产评估执业准则——资产评估程序 [S]. http://www.cas.org.cn/.2020.12.20.

[13] 中国资产评估协会 . 资产评估价值类型指导意见 [S]. http://www.cas.org.cn/.2020.12.20.

[14] 中国资产评估协会 . 资产评估执业准则——资产评估方法 [S]. http://www.cas.org.cn/.2020.12.20.

教学支持说明

课件申请

尊敬的老师：

您好！感谢您选用清华大学出版社的教材！为更好地服务教学，我们为采用本书作为教材的老师提供教学辅助资源。该部分资源仅提供给授课教师使用，请您直接用手机扫描下方二维码完成认证及申请。

任课教师扫描二维码
可获取教学辅助资源

样书申请

为方便教师选用教材，我们为您提供免费赠送样书服务。授课教师扫描下方二维码即可获取清华大学出版社教材电子书目。在线填写个人信息，经审核认证后即可获取所选教材。我们会第一时间为您寄送样书。

任课教师扫描二维码
可获取教材电子书目

清华大学出版社

E-mail: tupfuwu@163.com　　网址：http://www.tup.com.cn/

电话：010-83470332 / 83470142　　传真：8610-83470107

地址：北京市海淀区双清路学研大厦B座509室　　邮编：100084